Hanna Willhelm

Auf der Suche nach der Weihnachtsfreude

24 überraschende Einsichten für die Adventszeit

Über die Autorin

Hanna Willhelm (*1979) ist in Müllheim/Südbaden aufgewachsen, einer Region, die ganz objektiv zu den wärmsten Deutschlands zählt und rein subjektiv zu den schönsten. Nach ihrem Theologie-studium in Basel war sie zwei Jahre lang als Lehrerin und Radio-sprecherin im paraguayischen Chaco tätig, bevor sie beruflich zu ERF Medien nach Wetzlar/Mittelhessen gekommen ist. Hier arbeitet und lebt sie auch heute mit ihrer Familie. Sie mag es lieber leise als laut und macht um ihres Seelenfriedens willen einen Bogen um die meisten Social-Media-Plattformen. Für Rückfragen ist sie über den Verlag Gerth Medien zu erreichen.

Hanna Willhelm

AUF DER SUCHE NACH DER

Weihnachtsfreude

24 überraschende Einsichten für die Adventszeit

GerthMedien

Für meine Eltern –
Danke für alles, was ihr für uns getan habt!

Inhalt

Vorwort

Weihnachten – ich glaube, jeder von uns hat seine eigene Geschichte mit diesem Fest. Schöne Erinnerungen, die hoch-
kommen, und weniger schöne. Mit kaum einem anderen
Fest im Jahr verbinden wir so viele Wünsche, Träume und
Sehnsüchte. Es gibt wohl insgesamt nur wenige andere Festtage im Leben, die mehr Gefühle in uns wecken. Für Kinder braucht es meistens nicht viel, um diesen Traum wahr
werden zu lassen: einen Weihnachtsbaum, ein einigermaßen
friedliches Zuhause und natürlich Geschenke – damit wird
Weihnachten für sie zu dem Höhepunkt, auf den sie den ganzen Dezember über gewartet haben.

Für uns Erwachsene ist es schon etwas schwieriger, den
Weihnachtszauber zu spüren. Der Alltag fordert sowieso
viel von uns. Selbst wenn wir uns auf Weihnachten freuen,

bedeutet das Fest für die meisten noch mehr Stress auf der Arbeit, zusätzliche Termine wegen Weihnachtsfeiern, und nicht zu vergessen die Geschenke, die besorgt werden müssen. Wenn dann noch Unstimmigkeiten in der Partnerschaft, eine ungünstige Diagnose vom Arzt oder wirtschaftliche Schwierigkeiten dazukommen, kann schnell die Frage aufkommen, ob sich der ganze Aufwand überhaupt lohnt. Ist Weihnachten mit all dem Drumherum und dem Gerede vom Fest der Liebe nicht nur eine Farce?

Für mich persönlich war Weihnachten 2021 ein solcher Tiefpunkt. Rein äußerlich ist es ein perfekter Heiliger Abend gewesen. Wir hatten als Familie schön miteinander gefeiert und die Kinder und mein Mann waren bereits zu Bett gegangen. Nur ich saß noch mit einer Tasse Tee im Wohnzimmer. Am Weihnachtsbaum brannten echte Kerzen, und ich glaube, draußen lag sogar ein Hauch von Schnee oder zumindest war alles vom Raureif gezuckert. Hätte man mich als junge Erwachsene gefragt, wie ich mir Weihnachten vorstelle, dann hätte ich genau diese Szene beschrieben: Schnee, Gemütlichkeit, eine glückliche Familie. Aber trotz der weihnachtlichen Atmosphäre fühlte ich mich leer. Die schöne äußere Stimmung erreichte mein Innerstes nicht. Ich hatte letztlich versucht, dieses Fest für die Kinder so schön wie möglich zu machen, aber bei mir selbst war nur wenig davon angekommen.

Ich kann nicht genau sagen, warum ich an diesem Heiligabend so ernüchtert war. Vielleicht hing es mit der Pandemie und den damit verbundenen gesellschaftlichen Spannungen zusammen. Möglicherweise spielte es auch eine Rolle, dass ich im Alter von gut 40 Jahren einfach frustriert darüber war, dass mein Idealismus in Bezug auf das Leben immer mehr an der Wirklichkeit zerbröselte. Ich war innerlich müde und hatte mehr Fragen als Antworten. Weihnachten hatte es nicht geschafft, meinem Leben, meinem Glauben und meiner Hoffnung wieder ein bisschen Glanz und Freude zu vermitteln. Wenn es so etwas wie eine Midlife-Weihnachtskrise gibt, dann hatte ich sie wohl.

In dieser Situation entstand zum ersten Mal der Gedanke, dieses Buch zu schreiben. Denn mir war bei aller Enttäuschung über das Fest klar, dass ich Weihnachten nicht verlieren wollte. Das Christfest sollte für mein Leben nicht belanglos werden oder zu einer bloßen äußeren Hülle verkommen. Dafür ist die Geschichte, die an Weihnachten erzählt wird, zu schön, zu einmalig und zu lebensverändernd. Das stand für mich trotz meiner frustrierten Stimmung fest. So ist dieses Buch in so mancher Hinsicht mein persönlicher Weg geworden, mir Weihnachten *zurückzuerobern*, es neu zu finden.

Weihnachten sollte nicht mehr abseits von meinem Alltag stehen, in einer schönen, aber unerreichbaren, heilen Parallelwelt. Ich wollte es zurückbringen in mein Leben, in meine Fragen und – ja – auch in mein Versagen. Ich wünschte mir, mich an dem Fest wieder festhalten zu können und Kraft und Zuversicht daraus zu schöpfen. Ich weiß nicht, ob mir das gelungen ist. Das etwas oberflächliche, mit einem Glitzerfilter bearbeitete *Merry Christmas* wird wohl nie mehr so in mein Leben zurückkehren, wie ich es mir manchmal immer noch wünsche. Aber ich habe neu entdeckt, welche Tiefe und welche Kraft in dem Fest stecken, wenn ich es ohne bestimmte Vorstellungen oder Erwartungen an mich heranlasse.

In der biblischen Geschichte von der Geburt des Kindes in der Krippe steckt genügend Stoff, der mich nicht nur im Advent, sondern im ganzen Jahr begleiten kann. Beim Schreiben der Texte hatte ich nach und nach den Eindruck, dass ich nicht *mir* das Fest zurückerobere, sondern dass das Fest *mich* erobert hat. Es hat mich herausgefordert und gleichzeitig zum Staunen gebracht. Ich begann zu ahnen, dass ich mit Weihnachten mein Leben lang nicht fertig werde, wenn ich immer wieder bereit bin, mich neu darauf einzulassen. Dann zeigt mir das Fest neue Tiefen und Aspekte über mein Sein als Mensch und über den menschgewordenen Gott.

Die Kunst liegt darin, diese kostbaren Einsichten unter all dem, was sich im Laufe der Jahrhunderte dazugesellt hat, zu entdecken. In den vergangenen Jahren ist meine Wahrnehmung über diese Schätze hinweggeglitten, weil mir die alte Geschichte allzu vertraut vorkam. Was gibt es da noch Neues zu entdecken? Manchmal habe ich innerlich gestöhnt, wenn der Text aus Lukas 2 während der Feiertage noch mal und noch mal vorgelesen wurde. Ich glaube, die Weihnachtsgeschichte schweigt, wenn wir auf diese Art und Weise an sie herangehen. Sie öffnet sich aber weit und beginnt bereitwillig zu erzählen, wenn wir sie vorsichtig tastend von allen

Seiten betrachten – so wie ein Kind einen Zauberwürfel in seinen Händen dreht und dabei nur den einen Wunsch hat, das Rätsel des Spielzeugs zu lösen.

Wenn du diese *Weihnachtsmüdigkeit* kennst, die ich gerade beschrieben habe, dann ist es mein Wunsch, dass die Impulse aus diesem Buch dir dabei helfen, sie zu überwinden. Die Texte sind so aufgebaut, dass jeweils ein Aspekt aus der biblischen Weihnachtsgeschichte im Mittelpunkt steht. Ich habe versucht, den vielen Einzelgeschichten ein bisschen nachzuspüren und zu fragen: Was haben die Menschen, die dabei waren, erlebt und gefühlt? Wo finden sich Berührungspunkte zu meinem Leben? Und vor allem: Wer ist dieser Gott, der da als kleines Kind auf die Welt kommt? Was kann ich über ihn lernen und wo begegnet er mir?

Jedes der 24 Kapitel endet mit einem Weihnachtslicht und einem Weihnachtstürchen. Das Weihnachtslicht ist ein Bibelvers, der die Kernaussage noch einmal zusammenfasst und ein konzentriertes Licht darauf werfen soll. Das Weihnachtstürchen ist eine Einladung, noch mal intensiver über das Gelesene nachzudenken oder selbst kreativ zu werden. Zum Schluss gibt es einen QR-Code, der zu einem thematisch passenden Video-Clip oder einem ergänzenden Artikel auf einer Webseite führt. Fühl dich frei, den jeweiligen Link aufzurufen oder nicht. Du verpasst nichts Wesentliches, wenn du es nicht tust. Die Codes sind eher wie eine kleine Einladung, das Thema mit einer Tasse Tee, Kaffee oder Punsch und ein paar Plätzchen noch ein wenig nachklingen zu lassen.

Ich bin überzeugt, dass Gott uns durch die Weihnachtsbotschaft so viel sagen möchte und dass er sich darüber freut, wenn wir uns die Zeit nehmen, darauf zu hören. Deswegen wünsche ich dir, dass du in dieser Adventszeit ganz neu von Weihnachten beschenkt wirst. Möge der Heilige Geist etwas vom Staub der Gewohnheit oder den zynischen Fragen wegpusten, die sich bei so vielen von uns auf das Fest gelegt haben. Und mögen wir dabei den neu finden, dessen Geburt wir an Weihnachten feiern: Jesus Christus.

In diesem Sinne wünsche ich dir von Herzen ein gesegnetes Lesevergnügen!

Deine Weihnachtssucherin

Die Weihnachtsgeschichte nach Lukas und Matthäus

NACH LUKAS

Als Elisabeth im sechsten Monat schwanger war, sandte Gott den Engel Gabriel nach Nazareth, in eine Stadt in Galiläa, zu einem Mädchen, das noch Jungfrau war. Sie hieß Maria und war mit einem Mann namens Josef verlobt, einem Nachfahren von David. Gabriel erschien ihr und sagte: „Sei gegrüßt! Du bist beschenkt mit großer Gnade! Der Herr ist mit dir!" Erschrocken überlegte Maria, was der Engel damit wohl meinte. Da erklärte er ihr: „Hab keine Angst, Maria, denn du hast Gnade bei Gott gefunden. Du wirst schwanger werden und einen Sohn zur Welt bringen, den du Jesus nennen

sollst. Er wird groß sein und Sohn des Allerhöchsten genannt werden. Gott, der Herr, wird ihn auf den Thron seines Vaters David setzen. Er wird für immer über Israel herrschen, und sein Reich wird niemals untergehen!" Maria fragte den Engel: „Aber wie kann ich ein Kind bekommen? Ich bin noch Jungfrau." Der Engel antwortete: „Der Heilige Geist wird über dich kommen, und die Macht des Allerhöchsten wird dich überschatten. Deshalb wird das Kind, das du gebären wirst, heilig und Sohn Gottes genannt werden. Sieh doch: Deine Verwandte Elisabeth ist in ihrem hohen Alter noch schwanger geworden! Die Leute haben immer gesagt, sie sei unfruchtbar, und nun ist sie bereits im sechsten Monat. Denn bei Gott ist nichts unmöglich."

(Lukas 1,26–37; NL)

Jesus wird geboren

Zu jener Zeit ordnete der römische Kaiser Augustus an, dass alle Bewohner des Römischen Reiches behördlich erfasst werden sollten. Diese Erhebung geschah zum ersten Mal, und zwar, als Quirinius Statthalter von Syrien war. Alle Menschen reisten in ihre betreffende Stadt, um sich für die Zählung eintragen zu lassen. Weil Josef ein Nachkomme Davids war, musste er nach Bethlehem in Judäa, in die Stadt Davids, reisen. Von Nazareth in Galiläa aus machte er sich auf den Weg und nahm seine Verlobte Maria mit, die schwanger war. Als sie in Bethlehem waren, kam die Zeit der Geburt heran.

Maria gebar ihr erstes Kind, einen Sohn. Sie wickelte ihn in Windeln und legte ihn in eine Futterkrippe, weil es im Zimmer keinen Platz für sie gab.

Die Hirten und Engel

In jener Nacht hatten ein paar Hirten auf den Feldern vor dem Dorf ihr Lager aufgeschlagen, um ihre Schafe zu hüten. Plötzlich erschien ein Engel des Herrn in ihrer Mitte. Der Glanz des Herrn umstrahlte sie. Die Hirten erschraken, aber der Engel beruhigte sie. „Habt keine Angst!", sagte er. „Ich bringe eine gute Botschaft für alle Menschen! Der Retter – ja, Christus, der Herr – ist heute Nacht in Bethlehem, der Stadt Davids, geboren worden! Und daran könnt ihr ihn erkennen: Ihr werdet ein Kind finden, das in Windeln gewickelt in einer Futterkrippe liegt!" Auf einmal war der Engel von den himmlischen Heerscharen umgeben, und sie alle priesen Gott mit den Worten: „Ehre sei Gott im höchsten Himmel und Frieden auf Erden für alle Menschen, an denen Gott Gefallen hat." Als die Engel in den Himmel zurückgekehrt waren, sagten die Hirten zueinander: „Kommt, gehen wir nach Bethlehem! Wir wollen das Wunder, von dem der Herr uns erzählen ließ, mit eigenen Augen sehen." Sie liefen, so schnell sie konnten, ins Dorf und fanden Maria und Josef und das Kind, das in der Futterkrippe lag. Da erzählten die Hirten allen, was geschehen war und was der Engel ihnen über dieses Kind gesagt hatte. Alle Leute, die den Bericht der Hirten hörten, waren voller Staunen. Maria aber bewahrte alle diese Dinge in ihrem Herzen und dachte oft darüber nach. Die Hirten kehrten zu ihren Herden auf den Feldern zurück; sie priesen und lobten Gott für das, was der Engel ihnen gesagt hatte und was sie gesehen hatten. Alles war so, wie es ihnen angekündigt worden war.

Jesus wird im Tempel geweiht

Als das Kind acht Tage später beschnitten wurde, gab man ihm den Namen Jesus – so wie der Engel ihn schon genannt hatte, bevor Maria schwanger wurde. Dann kam die Zeit des Reinigungsopfers, das im Gesetz Moses nach der Geburt eines Kindes vorgeschrieben ist. Maria und Josef gingen mit ihm nach Jerusalem, um ihn dem Herrn zu weihen. Denn im Gesetz des Herrn steht: „Alle erstgeborenen Söhne müssen dem Herrn geweiht werden." Sie brachten das Reinigungsopfer dar, wie es das Gesetz vorschrieb: „Ein Paar Turteltauben oder zwei junge Tauben."

Die Prophezeiung Simeons

„In Jerusalem lebte ein Mann namens Simeon. Er war gerecht und gottesfürchtig. Simeon war vom Heiligen Geist erfüllt und wartete sehnsüchtig auf die Ankunft des Christus, der Israel Trost und Rettung bringen sollte. Der Heilige

Geist hatte ihm offenbart, dass er nicht sterben würde, bevor er den vom Herrn gesandten Christus gesehen hätte. An diesem Tag führte der Heilige Geist ihn in den Tempel. Als Maria und Josef kamen, um das Kind dem Herrn zu weihen, wie es im Gesetz vorgeschrieben ist, war Simeon dort. Er nahm das Kind auf seine Arme und lobte Gott und sagte: „Herr, nun kann ich in Frieden sterben! Wie du es mir versprochen hast, habe ich den Retter gesehen, den du allen Menschen geschenkt hast. Er ist ein Licht, das den Völkern Gott offenbaren wird, und er ist die Herrlichkeit deines Volkes Israel!" Josef und Maria staunten, als sie hörten, was Simeon über Jesus sagte. Simeon aber segnete sie und sagte zu Maria: „Dieses Kind wird von vielen in Israel abgelehnt werden, und das wird ihren Untergang bedeuten. Für viele andere Menschen aber wird er die höchste Freude sein. Auf diese Weise wird an den Tag kommen, was viele im Innersten bewegt. Doch auch durch deine Seele wird ein Schwert dringen."

(Lukas 2,1–35)

Die Prophezeiung Hannas

Im Tempel befand sich auch Hanna, eine Prophetin. Sie war eine Tochter Phanuëls aus dem Stamm Asser und schon sehr alt. Hanna war Witwe. Ihr Mann war nach nur sieben Jahren Ehe gestorben. Jetzt war sie vierundachtzig Jahre alt und verließ den Tempel nie mehr, sondern diente Gott dort

Tag und Nacht mit Fasten und Beten. Als Simeon mit Maria und Josef sprach, ging sie vorbei und begann, Gott zu loben. Allen, die auf die verheißene Erlösung Israels warteten, erzählte sie von Jesus. Als Maria und Josef alles erfüllt hatten, was nach dem Gesetz des Herrn vorgeschrieben ist, kehrten sie nach Nazareth in Galiläa zurück. Dort wuchs Jesus heran und wurde groß und kräftig. Er war mit Weisheit erfüllt, und Gottes besondere Gnade ruhte auf ihm.

★

NACH MATTHÄUS

Die Geburt von Jesus

Und so wurde Jesus Christus geboren. Maria, seine Mutter, war mit Josef verlobt. Aber noch vor ihrer Hochzeit wurde sie, die noch Jungfrau war, schwanger durch den Heiligen Geist. Josef, ihr Verlobter, war ein aufrechter Mann. Um sie nicht der öffentlichen Schande preiszugeben, beschloss er, die Verlobung in aller Stille zu lösen. Während er noch darüber nachdachte, erschien ihm im Traum ein Engel des Herrn. „Josef, Sohn Davids", sagte der Engel, „zögere nicht, Maria zu heiraten. Denn das Kind, das sie erwartet, ist vom Heiligen Geist. Sie wird einen Sohn zur Welt bringen. Du sollst ihm den Namen Jesus geben, denn er wird sein Volk von allen Sünden befreien." All das geschah, damit sich erfüllt, was Gott durch seinen Propheten angekündigt hat:

„Seht! Die Jungfrau wird ein Kind erwarten! Sie wird einem Sohn das Leben schenken, und er wird Immanuel genannt werden. Das heißt, Gott ist mit uns." Als Josef aufwachte, tat er, was der Engel des Herrn ihm gesagt hatte. Er nahm Maria zur Frau. Josef aber rührte sie nicht an, bis ihr Sohn geboren war. Und Josef gab ihm den Namen Jesus.

(Matthäus 1,18–25; NL)

Der Besuch der Sterndeuter

Jesus wurde in der Stadt Bethlehem in Judäa während der Herrschaft von König Herodes geboren. In dieser Zeit kamen einige Sterndeuter aus einem Land im Osten nach Jerusalem und fragten überall: „Wo ist der neugeborene König der Juden? Wir haben seinen Stern aufgehen sehen und sind gekommen, um ihn anzubeten." Ihre Frage versetzte Herodes in große Unruhe, und alle Einwohner Jerusalems mit ihm. Er berief eine Versammlung der obersten Priester und Schriftgelehrten ein. „Wo soll denn der Christus nach Aussage der Propheten zur Welt kommen?", fragte er sie. „In Bethlehem", sagten sie, „denn der Prophet hat geschrieben: ‚O Bethlehem in Judäa, du bist alles andere als ein unbedeutendes Dorf, denn ein Herrscher wird aus dir hervorgehen, der wie ein Hirte mein Volk Israel führen wird.'" Daraufhin sandte Herodes eine geheime Botschaft an die Sterndeuter und bat sie zu sich. Bei dieser Zusammenkunft erfuhr er den genauen Zeitpunkt, an dem sie den Stern zum ersten Mal gesehen hatten. Er sagte zu ihnen: „Geht nach Bethlehem und sucht das Kind. Wenn ihr es gefunden habt, kommt wieder her und erzählt es mir, damit ich auch hingehen kann, um es anzubeten!" Nach diesem Gespräch machten die Sterndeuter sich auf den Weg. Wieder erschien ihnen der Stern und führte sie nach Bethlehem. Er zog ihnen voran und blieb über dem Ort stehen, wo das Kind war. Als sie den Stern sahen, war ihre Freude groß. Sie gingen in das Haus und fanden das Kind mit seiner Mutter Maria, sanken vor ihm auf die Knie und beteten es an. Dann öffneten sie ihre Truhen mit Kostbarkeiten und beschenkten es mit Gold, Weihrauch und Myrrhe. Als es Zeit war, wieder aufzubrechen, zogen sie jedoch auf einem anderen Weg in ihre Heimat zurück, denn Gott hatte sie in einem Traum davor gewarnt, zu Herodes zurückzukehren.

(Matthäus 2,1–12; NL)

1

Ein wenig Raum für Gott

Die Adventszeit hat begonnen. Ich empfinde das immer als einen besonderen Moment im Jahr. Vier Wochen liegen vor mir mit der Verheißung, schön und stimmungsvoll zu sein. Der Adventskranz im Wohnzimmer duftet noch frisch nach Tannengrün und die Kinder haben das erste Türchen in ihrem Adventskalender aufgemacht. Morgens brennt eine Kerze auf dem Frühstückstisch. Vielleicht ist auch schon der erste Schnee gefallen.

Hinter der Verheißung lauert allerdings leider auch der Stress. Geschenke kaufen, Briefe schreiben, Plätzchen backen, Weihnachtsfeiern in der Schule und im Betrieb, Haus putzen, Essen planen, Koffer packen. Mein Puls beschleunigt

sich, wenn ich diese Aufzählung in Gedanken nur vor mir sehe. Aber halt! Jetzt, in diesem Augenblick, möchte ich meine To-do-Liste noch einmal bewusst beiseiteschieben. Ich lege meine Hand schützend um mein Herz, wie um eine flackernde Kerzenflamme, und versuche, die Stress auslösenden Gedanken aus meinem Kopf zu verscheuchen. Ich atme tief durch und bitte Gott, mir dabei zu helfen.

Ein altes Adventslied geht mir dabei durch den Sinn: „Macht hoch die Tür" von Georg Weissel. Der Theologe und Musiker lebte und arbeitete zur Zeit des Dreißigjährigen Krieges in Königsberg.

Wie es in dieser schweren Zeit zur Entstehung des Liedes gekommen ist, beschreibt Weissel selbst folgendermaßen: „Neulich, als der starke Nordoststurm von der nahen Samlandküste herüberwehte und viel Schnee mit sich brachte, hatte ich in der Nähe des Domes zu tun. Die Schneeflocken klatschten den Menschen auf der Straße gegen das Gesicht, als wollten sie ihnen die Augen zukleben. Mit mir strebten deshalb noch mehr Leute dem Dom zu, um Schutz zu suchen. Der freundliche und humorvolle Küster öffnete uns die Tür mit einer tiefen Verbeugung und sagte: ‚Willkommen im Hause des Herrn! Hier ist jeder in gleicher Weise willkommen, ob Patrizier oder Tagelöhner! Sollen wir nicht hinausgehen auf die Straßen, an die Zäune und alle hereinholen, die kommen wollen? Das Tor des Königs aller Könige steht jedem offen.'"

Die Worte des Küsters lösen in Weissel eine Initialzündung aus und noch am selben Abend soll er das Lied nach Worten aus Psalm 24 geschrieben haben.[1] Mir gefällt dieses Bild von den offenen Domtüren und den Menschen, die im Kirchengebäude Schutz finden. Das Schneegestöber bleibt draußen, und obwohl es im Dom sicherlich nicht warm ist, so können die Menschen doch einen Moment durchatmen, bevor sie ihren Weg durch die Stadt fortsetzen.

Das ist es, was ich mir für mein Herz auch in dieser Adventszeit wünsche: einen Ort, an dem der Stress für eine kurze Zeit draußen bleibt, sodass ich aufatmen kann. Es ist so schön, wenn man es schafft, die Adventszeit mit Kerzen, stimmungsvoller Dekoration und besonderem Gebäck besinnlich zu gestalten. Das tut der Seele gut!

Aber ich muss gestehen: Ich wünsche mir für die Adventszeit noch ein klein wenig mehr. Ich wünsche mir, dass die Tür meines Herzens immer wieder einen Spalt weit aufgeht für eine Begegnung mit Gott. Dass der Wind, der mir die vielen Aufgaben um die Ohren bläst, es nicht schafft, diese Tür für die nächsten Wochen zuzuschlagen.

Psalm 24, der Weissels Text zugrunde liegt, spricht übrigens ebenfalls von Türen oder besser gesagt von Stadttoren. Im Original weht allerdings kein Schneesturm gegen diese Pforten, sondern ein ziemlich warmer Wind. David, der Verfasser der ursprünglichen Zeilen, lebte in Israel, und er hat sein Lied möglicherweise für den Tag geschrieben, an dem die Bundeslade nach Jerusalem gebracht wurde.[2]

Lange Zeit war sie nur provisorisch untergebracht, dabei symbolisierte die Truhe mit den Engeln und den Zehn Geboten für das jüdische Volk auf ganz besondere Weise die

Gegenwart Gottes. Jetzt sollte diese Lade endlich in die Hauptstadt überführt werden. Kein Wunder, dass David so begeistert reagiert und sich wünscht, dass die Stadttore weit offen stehen, um die Bundeslade zu empfangen. Gott selbst zieht damit schließlich in Jerusalem ein!

Das ist es auch, was ich mir für mein Herz in dieser Adventszeit wünsche. Es soll sich für Gottes Nähe öffnen, für sein Reden, seine Gerechtigkeit und seine Liebe. Denn darum geht es an Weihnachten: Gott kommt in diese Welt und möchte von ihr aufgenommen werden.

Wenn ich mir dafür immer wieder ein klein wenig Raum in meinem Tagesablauf freischaufle, dann bin ich Weihnachten auf der Spur. Dann kann die Suche nach der Weihnachtsfreude beginnen.

★

Weihnachtslicht Nr. 1

„‚Hebt euch aus den Angeln, ihr Tore! Öffnet euch weit, ihr alten Portale, denn der König will einziehen, die höchste Majestät.' ‚Wer ist denn dieser mächtige König?' ‚Es ist der HERR über Himmel und Erde. Er ist der mächtige König!'" (Psalm 24,9+10; Hfa)

Über viele Jahr habe ich versucht, die Adventszeit zu entschleunigen. Es ist mir meistens nur bedingt gelungen. Klar, man kann sich immer überlegen, wo man Aufgaben oder Veranstaltungen vielleicht nicht unbedingt wahrnehmen muss. Aber die Realität ist dennoch, dass die Vorweihnachtszeit stressig ist und bleibt.

Die Pfarrerin Katharina Bänziger hat mir an dieser Stelle geholfen, gelassener zu werden. Die vierfache Mutter versucht nicht, den Stress im Advent um jeden Preis draußen zu halten. Stattdessen nimmt sie Gott mit in den Stress hinein, indem sie im Alltag ständig mit Gott im Gespräch bleibt. Vielleicht ist das – zusammen mit den Texten aus diesem Buch ☺ – auch für dich eine Möglichkeit, Gott in dieser Adventszeit eine Tür zu deinem Herzen offen zu halten.

Macht hoch die Tür (Ehre) – Feiert Jesus

2
Weihnachtliches TV-Programm

Die Verfilmung der Lebensgeschichte der Elisabeth von Österreich-Ungarn ist für viele ein TV-Highlight im Advent und
an den Weihnachtsfeiertagen. Wer kennt sie nicht, die Sissi-
Trilogie mit Romy Schneider in der Hauptrolle der jungen
Kaiserin? 2021 hat der knapp 65-jährige Filmklassiker allerdings Konkurrenz bekommen. In der schreibt sich die junge
Herrscherin nicht nur mit einem s in der Mitte, sondern
präsentiert sich modern und selbstbewusst, mit viel nack-
ter Haut. Ein Rezensent prophezeite Fans der klassischen

Romy-Schneider-Verfilmung deshalb Schnappatmung beim Anschauen der Neuverfilmung.

Ich habe mir die neue Version ehrlicherweise nicht angesehen. Dazu habe ich zu viele schöne Erinnerungen an die alte und mit Sicherheit nicht nur etwas kitschige Interpretation des Stoffes. Das will ich mir durch die moderne Inszenierung nicht kaputtmachen lassen. Welches Mädchen träumt nicht davon, so von einem Märchenprinzen umschwärmt zu werden und dazu noch so tolle Kleider tragen zu dürfen? Das ist Romantik pur oder war es jedenfalls für mich als junge Zuschauerin.

Wer war Sis(s)i? Die beinah Heilige, die Romy Schneider in dem romantischen Heile-Welt-Heimatfilm darstellt? Oder die selbstbewusste Frau, die Dominique Devenport verkörpert und die sich in einer machtbesessenen und korrumpierten Politik am Hof durchsetzen muss und kann? Ich kenne mich mit der historischen Person Elisabeths von Österreich-Ungarn nicht genügend aus, um das beurteilen zu können. Aber ich merke, dass diese beiden Darstellungen in ihrer Gegensätzlichkeit einen Nerv in mir treffen. Denn sie sind wie ein Spiegelbild dessen, was die Medien und meine eigenen Wünsche im Blick auf die Wirklichkeit an mich herantragen. Ich werde hin- und hergerissen zwischen der Sehnsucht nach einer heilen Welt und einer, die durch Klimakrise, Krankheitserreger und Kriege gefühlt auf einen Abgrund zutaumelt. Wie sieht die Wirklichkeit zwischen diesen beiden Polen aus? Leben wir in einer Romy-Schneider- oder in einer Dominique-Devenport-Welt?

Diese Frage lässt sich interessanterweise auch auf Jesus übertragen, das Kind in der Krippe, dessen Geburt wir an Weihnachten feiern. Künstler vergangener Jahrhunderte haben ihn auf ihren Fresken und Gemälden zu einem pausbäckigen Säugling gemacht, der später zu einem blutleeren, entrückten Jüngling wird. Ein abgehobener Jesus, der mit der Wirklichkeit wenig zu tun hat.

In heutigen Darstellungen ist Jesus greifbarer und viel näher am Leben dran. Manchmal wird er dann aber auch allzu menschlich. Etwa, wenn ihm Liebschaften angedichtet werden oder er zum Sozialreformer hochgejubelt wird. Was trifft zu und was hat das mit meiner Frage nach der Wirklichkeit zu tun?

In der Bibel finden sich insgesamt vier Kurzbiografien von Jesus. Sie werden auch Evangelien genannt und zeichnen ein umfangreiches Bild von Jesu Leben. Ganz greifen können wir den aus Nazareth in Israel stammenden Mann deswegen trotzdem nicht. Unsere Vorstellung von ihm ist immer auch ein Kind unserer Zeit, genauso wie das bei der Verfilmung von Sis(s)is Leben der Fall ist.

Trotzdem glaube ich, dass wir bei Jesus interessanterweise die ganze Wirklichkeit des Lebens in einer Person finden. Denn Jesus ist überraschend vielfältig, herausfordernd und einfühlsam zugleich. Er ist unantastbar und heilig und gleichzeitig nahbar und gewöhnlich im besten Sinne. Er war die Unschuld in Person, ohne naiv zu sein. Er konnte wunderbar trösten und Mut machen, war andererseits aber sehr direkt in der Auseinandersetzung mit frommen Heuchlern.

Ich wage nicht zu behaupten, dass er zynisch oder spöttisch gewesen ist, aber ein heiliger Zorn war ihm nicht fremd. Er hat sich auf verpönte Außenseiter mit kriminellem Hintergrund eingelassen und gleichzeitig Kinder in den Arm genommen und mit ihnen gespielt. Er hat ständig kulturelle Grenzen gesprengt und dennoch nie das Heilige verachtet. Er hat angesichts seiner bevorstehenden Hinrichtung Frieden im Gebet gefunden. Die Schönheit der Schöpfung ließ ihn bedingungslos darauf vertrauen, dass Gott sich um uns Menschen kümmert. Gleichzeitig war er als Zimmermann mit harter Arbeit vertraut und kannte als Bürger eines besetzten Landes Willkür und Schikane durch die Behörden. Jesus lebte also ganz und gar in der Realität. Aber er ließ sich nie von ihr vereinnahmen. Er war ganz Mensch und gleichzeitig ganz Gott.

An Weihnachten liegt dieser Jesus nun vor uns in einer Futterkrippe. Was für ein Bild entsteht dabei in unseren Köpfen? Eine heile Romy-Schneider-Stallidylle, im Hintergrund von „Stille Nacht, heilige Nacht" sanft untermalt? Oder nehmen wir Weihnachten eher durch die Augen von Dominique Devenport wahr, weil es in unserer Familie alles andere als heil zugeht und wir von einem Fest der Liebe nichts spüren?

Die Frage, wie Elisabeth von Österreich-Ungarn wirklich gewesen ist, entscheidet sich am persönlichen Geschmack oder an der bevorzugten Deutung der Historiker. Wirklich wichtig ist diese Frage aber (fast) nur im Hinblick auf das TV-Programm. Die Frage, wer Jesus Christus war und welchen Einfluss er bis heute hat, kann dagegen mein Leben verändern – und zwar nicht nur am 24. Dezember. Deswegen lohnt es sich, ganz unabhängig von den eigenen Umständen, sich mit Jesus und der Geschichte seiner Geburt zu beschäftigen.

★

Weihnachtslicht Nr. 2

„Ich aber bin gekommen, um ihnen das Leben in ganzer Fülle zu schenken", sagt Jesus. (Johannes 10,10; NL)

★

Weihnachtstürchen Nr. 2

Lukas berichtet in seiner Biografie über das Leben von Jesus. Du findest sie im Neuen Testament im gleichnamigen Evangelium, das – tata! – 24 Kapitel hat. Vielleicht hast du Zeit, jeden Tag ein Kapitel davon zu lesen. Dann hast du dir bis Weihnachten selbst ein Bild davon gemacht, wer Jesus war.

Wenn du nicht so viel Zeit hast, kannst du dir überlegen, was für eine Vorstellung du von Jesus hast. Ist er für dich vor allem ein nahbarer Freund, ein anspruchsvoller Lehrer, ein König, ein Sozialreformer oder der große Unbekannte? Wo braucht dein Bild von Jesus möglicherweise Korrektur oder

Erweiterung? Wenn du möchtest, notiere dir ein paar Stich-worte. Dann kannst du am Ende dieses Buches vergleichen, ob sich beim Lesen etwas an deiner Sicht über ihn verändert hat.

Jesus, Erlöser der Welt (Was für ein Mensch)

3

Keine Lust auf das Fest

Ich erinnere mich an eine Begebenheit im Advent während der Coronazeit. Es war bereits das zweite Weihnachtsfest im Lockdown. Ich war müde von zwei Jahren *Homeoffice* bei gleichzeitigem *Homeschooling* eines Grundschülers plus der zeitweiligen Betreuung eines Kindergartenkindes. Dazu kamen die allgemeine Unsicherheit, die die Pandemie durch immer neue Regeln ständig mit sich brachte, und die vielen Extras, an die man deswegen denken musste. Ich fühlte mich überhaupt nicht weihnachtlich gestimmt.

An irgendeinem dieser vollgepackten Tage machte ich mir eine spanischsprachige Weihnachts-CD an, während ich

das Geschirr spülte. Als meine Hände automatisch ins Spülwasser eintauchten, traf mich plötzlich eine Zeile aus einem der Lieder mit voller Wucht.

Ich hielt inne und hörte bewusst auf den Text, der auf Deutsch in etwa lautet: „Lass dir an Weihnachten nicht die Gelegenheit entgehen, zu feiern, dass Weihnachten dazu da ist, gefeiert zu werden."[3] Mit so viel südamerikanischem Rhythmus und südamerikanischer Lebensfreude in meiner Küche freute ich mich für einen Moment tatsächlich auf Weihnachten.

Der Refrain begleitete mich immer noch, als der spanische Weihnachtsflair längst wieder verflogen war. „Weihnachten ist dazu da, gefeiert zu werden." Hat der Sänger recht? Will Weihnachten gefeiert werden, auch wenn die Umstände herausfordernd sind oder man gar keine richtige Kraft zum Feiern hat? Und wenn ja, was bedeutet das dann für die Art und Weise, wie ich das Fest vorbereite und gestalte? Einmal auf den Weg gebracht, entwickelten diese Gedanken und Fragen ein Eigenleben.

Ich erinnerte mich an einen Artikel, den ich einige Jahre zuvor in meinem Beruf als Redakteurin in der Weihnachtszeit geschrieben hatte.[4] Es ging darin um die Frage, ob Gott mit unserer kommerzialisierten Art, Weihnachten zu feiern, überhaupt einverstanden ist. Ich hatte das damals mit einem vorsichtigen Ja beantwortet.

Wie komme ich auf diese doch etwas steile These? Durch einen Blick ins Alte Testament, in dem Gottes Geschichte mit dem jüdischen Volk beschrieben wird. Ganz am Anfang dieser Geschichte gibt Gott den Israeliten den Auftrag, dreimal im Jahr ein Fest zu feiern. Das erste Fest ist das sogenannte Passahfest, bei dem sich die Juden an den Auszug aus Ägypten erinnern sollen.

Sieben Wochen später sollten sie das Wochenfest, ein Erntefest, feiern. Zu diesem Zeitpunkt war die Gerstenernte in der Regel eingebracht und die Weizenernte stand kurz bevor. Mitten in dieser arbeitsintensiven Zeit fordert Gott alle männlichen Israeliten dazu auf, in das Heiligtum nach Jerusalem zu pilgern. Jeder sollte dabei symbolisch zwei Brote mitbringen, als Dankeschön für die bereits erhaltene Ernte.

Im Herbst, nach der Traubenernte, feierte das Volk dann schließlich das dritte große Fest: das Laubhüttenfest. Wie das Passahfest auch, sollte es sage und schreibe eine ganze Woche lang dauern – wohlgemerkt: auf Gottes Aufforderung hin! Allen drei Festen gemeinsam ist, dass sie fröhlich gefeiert werden sollten, dass alle dabei sein sollten und dass jeder etwas von seinem Besitz abgeben sollte.[5]

Bis heute sind diese Feste für jüdische Gläubige weltweit wichtig. Sie helfen ihnen dabei, sich an Gottes Eingreifen in ihre Geschichte zu erinnern. Sie ermutigen die Gläubigen zur Dankbarkeit und zur Großzügigkeit. Außerdem sind sie ein Anlass, um Gottes gute Gaben und die Gemeinschaft untereinander zu genießen. Im Laufe der Jahrhunderte hat sich ein reicher und faszinierender Schatz an Traditionen und symbolischen Bräuchen um diese jüdischen Feiertage gebildet.

Nebenbei bemerkt: Mit Sicherheit waren die Feste über die Jahrhunderte hinweg immer auch eine gute Einnahmequelle für die jüdischen Händler. Der Konsum zum Weihnachtsfest ist also keine rein christliche Erfindung und unabhängig davon gibt es bemerkenswerte Ähnlichkeiten zwischen den von Gott gebotenen jüdischen Festen und dem christlichen Weihnachtsfest.

Denn um Weihnachten herum hat sich ebenfalls ein reiches Brauchtum entwickelt, wie der Tannenbaum, der Adventskranz, die Krippe und je nach Region unterschiedliches Essen, die Weihnachten jedes Jahr wieder neu mit allen Sinnen erfahrbar machen. Denn auch wir als Christen haben die Erinnerung an Gottes Eingreifen in die Geschichte dieser Welt nötig. Und in schwierigen Zeiten kann uns das Weihnachtsfest darauf aufmerksam machen, was Gott uns trotz allem an Gutem schenkt.

Im Idealfall tut es uns gut, das Fest zusammen mit Familie, Freunden und der Kirchengemeinde zu feiern, auch wenn es mit Vorbereitungsstress verbunden ist. Die Geschenke – und vielleicht auch eine Spende an eine Wohltätigkeitsorganisation – können ein Ausdruck für Dankbarkeit und Großzügigkeit sein.

Das alles sind gute Gründe, um Weihnachten zu feiern. Es richtig zu feiern! Das muss nicht bedeuten, dass ich mich vom alljährlichen Konsumrausch und Lichterketten-glanz-Gedöns mitreißen lassen muss. Ich habe die Freiheit, das Fest so zu gestalten, wie es zu mir oder zu uns als Familie passt. Wie das aussieht, wird sich im Laufe der Zeit und abhängig von den Umständen sicherlich immer wieder verändern.

Trotzdem möchte ich zukünftig jedes Jahr versuchen, das Fest zu feiern, selbst wenn es mich Überwindung kostet oder ich vor lauter vorweihnachtlichem Stress schon fast keine Lust mehr dazu habe. Aber ich weiß: Ich brauche das Fest und damit verbunden die jährliche Erinnerung an Gottes Handeln und an seine Liebe für diese Welt.

★

Weihnachtslicht Nr. 3

„Dies ist der Tag, den der Herr gemacht hat. Lasst uns jubeln und fröhlich sein." (Psalm 118,24; NL)

Weihnachtstürchen Nr. 3

Der Künstler Matthew West hat ebenfalls inmitten der Pandemie den Song „We need Christmas"[6] geschrieben. Darin heißt es frei übersetzt: „Diese Welt könnte ein wenig Heilung gebrauchen. Und unsere Herzen haben sicher etwas nötig, an das sie glauben können. Wir brauchen Weihnachten jetzt mehr denn je, um uns zusammenzubringen. Komm schon, Dezember, hilf uns, uns an die Freude, den Frieden und die Hoffnung zu erinnern, die die Liebe uns bringen kann. Denn wir brauchen Weihnachten."

Warum brauchst du Weihnachten, und warum würde es sich lohnen, das Fest zu feiern, selbst wenn du dich momentan nicht danach fühlst? Die vier typischen Wesenszüge der jüdischen Hauptfeste können dir dabei helfen (Gemeinschaft mit Gott und mit anderen Menschen, Erinnerung, Dankbarkeit und Großzügigkeit).

Matthew West, We need Christmas, Official Version

4

Weihnachten zwischen Feliz Navidad und Weihnachtsoratorium

Weihnachten ohne Musik ist undenkbar. „Last Christmas", „Do they know it's Christmas?" oder Melanie Thorntons „Wonderful Dream" gehören für viele unbedingt zum Fest dazu. Klassiker wie „White Christmas" oder „Rockin' Around The Christmas Tree" werden seit Jahrzehnten immer wieder neu interpretiert und sorgen für weihnachtliche Stimmung. Auch traditionelle Stücke wie „Stille Nacht" oder „Alle Jahre wieder" haben im Advent Hochkonjunktur.

Alles nur Kommerz? Sicherlich zum größten Teil (und ich will hier auch keine Schleichwerbung machen). Andererseits glaube ich, dass viele Künstler nicht nur aus finanziellen Gründen im Laufe ihrer Karriere mindestens ein Weihnachtsalbum herausgebracht haben. Vielleicht geht es ihnen dabei genau wie ihren Fans auch um die Erinnerung an ein schönes Gefühl, um ein Stück musikalischer Geborgenheit in einer hektischen und manchmal heillosen Welt.

Was hat Musik an sich, dass sie uns so tief berührt? Und warum verdichtet sich diese Sehnsucht in der Weihnachtszeit noch einmal besonders stark? Vielleicht hängt es damit zusammen, dass viele Menschen Weihnachten von ihrer Kindheit an mit bestimmten Liedern verbinden, egal, ob es sich dabei um geistliche oder säkulare Weihnachtsmusik handelt.

Ich glaube, dass dieses enge Zusammenspiel zwischen Weihnachten und Musik seinen Ursprung bereits im allerersten Weihnachtsfest hat. Es ist auffällig, wie viel in und um die biblische Weihnachtsgeschichte herum gesungen und vielleicht sogar getanzt wird.

Zuerst einmal taucht bei den Hirten auf dem Feld eine riesige Anzahl Engel auf, die Gott loben. Es steht nicht ausdrücklich im Bibeltext, dass sie das mit einem Lied getan haben. Der Zusammenhang legt es aber nahe. Nachdem die Hirten das Kind dann gesehen haben, kehren sie später vermutlich ebenfalls singend und auf alle Fälle extrem gut gelaunt zu ihren Schafen zurück.

Als Maria ungefähr im dritten Monat schwanger ist, dichtet sie spontan ein Lied, als ihr klar wird, was für ein Kind da in ihrem Bauch heranwächst. Auch die beiden schon etwas älteren gläubigen Juden namens Simeon und Hanna fangen laut an zu singen, als sie Jesus kurz nach seiner Geburt im Jerusalemer Tempel kennenlernen.

Spätestens jetzt ist klar: Entweder die sind alle verrückt geworden oder es gibt tatsächlich etwas zum Feiern ...

Ich habe mich manchmal gefragt, warum Gott den Hirten einen ganzen Chor aus Engeln als Boten schickt. Ein einzelner Engel mit der rein sachlichen Information über die Geburt von Jesus hätte doch auch gereicht, um die Männer auf den Weg zu schicken. Aber nein, Gott fährt das volle Programm auf. Der Himmel muss seine Freude über die Geburt des Retters offensichtlich loswerden. Er will klarmachen: Hier passiert gerade etwas ganz Besonderes, etwas Einmaliges! Ist es verwegen zu sagen, dass Gott sich selbst riesig darüber freut, dass sein großer Versöhnungsplan mit dieser Welt durch die Geburt Jesu jetzt endlich greifbar und real wird?

Weihnachten will, Weihnachten darf Emotionen in uns wecken. Wir dürfen uns durch die Lieder mitreißen lassen in eine fröhlich-feierlich ausgelassene Stimmung – egal, ob wir es dabei lieber klassisch traditionell oder poppig und rockig mögen. Denn es gibt an Weihnachten tatsächlich etwas zu feiern: einen Gott, der in Jesus Mensch wird, um uns unser Menschsein in seinem ursprünglichen Sinn zurückgeben zu können. Einen Gott, der sich nicht zu schade ist, sich ganz klein zu machen, und der damit ein Vorbild gibt, wie ein Leben in Liebe aussieht. Einen Gott, der nicht nur freiwillig in einem von Römern besetzten Gebiet lebt, sondern der am Ende auch bereit ist, sein Leben am Kreuz zu opfern, damit Menschen frei von Schuld werden können.

Vor allem Letzteres macht deutlich, dass Weihnachten bei aller Freude ganz tief verwurzelt ist in der harten und manchmal brutalen Wirklichkeit dieser Welt. Gott ist nicht naiv. Er weiß, auf was er sich einlässt, wenn er seinen Sohn in diese Welt schickt. Aber trotz dieses ernüchternden Wissens und aller späteren Schwierigkeiten war am allerersten Weihnachtsfest einfach einmal nur Feiern angesagt – mit ganz viel himmlischer und menschlicher Musik.

Weihnachtsmusik ist ein Geschenk. Sie kann uns jedes Jahr neu dabei helfen, etwas von den ganz großen Gefühlen von Weihnachten in unserem Alltag zu erleben. Freude, Hoffnung, Glaube, Liebe – sie alle wollen sich in der Adventszeit in unser Herz hineinsingen.

★

Weihnachtslicht Nr. 4

„Auf einmal waren sie von unzähligen Engeln umgeben, die Gott lobten: Ehre sei Gott im Himmel! Denn er bringt der Welt Frieden und wendet sich den Menschen in Liebe zu."
(Lukas 2,13–14; Hfa)

Weihnachtstürchen Nr. 4

Ganz egal, welche Stilrichtung oder welchen Stilmix du bevorzugst – bring doch Weihnachten einmal ganz bewusst zum Klingen, wenn du dir deine Lieblingsweihnachtsmusik anhörst. Vielleicht entdeckst du dabei nicht nur die Freude des allerersten Weihnachtsfestes neu, sondern auch Gottes Spuren in dieser Welt.

Gospelchor führt weihnachtlichen Flashmob auf

5

Kann Weihnachten Krise?

„Können wir Krise?", das fragen sich seit den extrem heißen Sommern, der Pandemie, den Flüchtlingsdramen im
Mittelmeer, dem Einmarsch Russlands in die Ukraine und
der damit verbundenen Inflation und Energiekrise viele
Menschen in Deutschland. Vielleicht fragt sich seitdem so
mancher auch unbewusst, ob Weihnachten Krise kann. Hält
das Fest der Liebe dem Druck von allen großen und kleinen
Katastrophen stand und verschafft es uns eine Oase der Geborgenheit inmitten aller Unsicherheiten?

Wenn ich in mich hineinhöre, dann wünsche ich mir das
für mich und meine Familie. Ich wünsche mir, dass Weihnachten eine heile Zeit ist. Eine Zeit des Aufatmens, der

Hoffnung. Eine Zeit, um Kraft zu tanken und Frieden zu spüren.

Wahrscheinlich müssen wir es als Gesellschaft, muss ich es in meinem kleinen Leben neu lernen, diesen Spannungsbogen zwischen Sehnsucht und Wirklichkeit auszuhalten – nicht nur, aber auch an den Feiertagen. Das Gute ist, dass Weihnachten dieser Spannung standhält. Die Kraft, die in diesem Fest liegt, verpufft nicht, wenn die äußeren Umstände ein friedliches oder liebevolles Fest nicht zulassen. Weihnachten kann Krise! Warum? Weil Krisen zur DNA der Weihnachtsgeschichte gehören. Gott hätte nicht als Mensch auf diese Erde kommen müssen, wenn in unserer Welt alles heil, harmonisch und stabil gewesen wäre.

Auch die Ereignisse, die wir an Weihnachten feiern, beginnen mit einer Krise. Genau genommen mit einer Beziehungskrise zwischen Maria und Josef, den beiden erwachsenen Hauptpersonen der Geschichte. Als der Engel Maria ankündigt, dass sie auf übernatürliche Art und Weise schwanger werden wird, ist das keine gute Nachricht für die junge Frau. In ihrem Kulturkreis ist es eine Schande, ein Kind zu erwarten, ohne dass zuvor eine rechtsgültige Ehe geschlossen ist. Auch Josef steht nach dieser Nachricht vor einem Scherbenhaufen. Sein Traum von einer eigenen Familie mit seiner Verlobten steht auf dem Spiel. Maria muss damit rechnen, dass Josef sie sitzen lässt. Josef muss sich überlegen, ob er damit leben kann, dass er ein Kind aufziehen soll, das nicht von ihm ist, aber eben auch von keinem anderen Mann.

Am Anfang der Weihnachtsgeschichte ist von heiler Welt, von Familienidylle und Vorfreude auf ein Kind also wenig zu spüren. Stattdessen erleben wir ein Paar im Ausnahmezustand. Maria und Josef müssen ihre Vorstellung von der Welt und ihre Zukunftsplanung völlig neu sortieren. Dazu kommt, dass auch ihre äußeren Lebensumstände krisengeschüttelt sind. Das jüdische Paar lebt schließlich in einem von Römern besetzten und kontrollierten Land.

Die spannende Frage ist, wie Maria und Josef mit dieser unerwarteten Lebenswende umgegangen sind. Wie haben sie die Krise gemeistert? Die Antwort, die die biblische Erzählung auf diese Frage gibt, ist so simpel wie schwer: Die beiden vertrauen ihr Leben mit all den veränderten und ungewissen Umständen Gottes Fürsorge an. Bei Maria zeigt sich das in dem schlichten Satz, den sie dem Engel sagt: „Ich gehöre dem Herrn, ich bin bereit. Es soll an mir geschehen, was du gesagt hast."[7] Josef gebraucht – typisch Mann? – keine Worte, sondern handelt einfach, indem er zu Maria steht und sie wie geplant heiratet.

Ich habe Marias Satz bislang so gedeutet, dass sie sich in Gottes Pläne fügt, weil sie angesichts seiner Größe, Weisheit und Macht kaum eine andere Wahl hat. Das würde Maria zu einer Frau machen, die Gottes Anweisungen gehorcht, weil die Situation es so erfordert und weil sie sich ihm zur Verfügung stellen will.

Wenn ich mir anschaue, wie Maria sich in der Geschichte weiter verhält, passt eine solche Schicksalsergebenheit aber nicht zu ihrem Charakter. Kurze Zeit nachdem der Engel ihr die Schwangerschaft angekündigt hat, drückt sie ihre Empfindungen nämlich in einem Lied aus. Der Text dieses Lobgesanges ist uns bis heute überliefert. Er gibt uns eine Ahnung von Marias Gedanken und Gefühlen – und die sind erstaunlicherweise weder verzweifelt noch bitter oder zynisch eingefärbt. Stattdessen drücken sie Freude, Vertrauen und Hoffnung aus: „Mein Herz preist den Herrn; alles in mir jubelt vor Freude über Gott, meinen Retter! Gott hat Großes an mir getan, er, der mächtig und heilig ist. Sein Erbarmen hört niemals auf; er schenkt es allen, die ihn ehren, von einer Generation zur andern. Jetzt stürzt er die Mächtigen vom Thron und richtet die Unterdrückten auf. Den Hungernden gibt er reichlich zu essen und schickt die Reichen mit leeren Händen fort. Er hat an seinen Diener Israel gedacht und sich über sein Volk erbarmt."[8]

Was für eine Vision, was für eine Einstellung für eine Frau in Marias Lage! Sie sieht in ihren Umständen, ihrer ungewissen Zukunft und sogar in der schwierigen politischen Lage ihres Volkes Gott am Werk. Sie weiß: „Gott ist Gott und ich bin sein Geschöpf. Ich kann mich ihm anvertrauen. Er ist für diese Welt verantwortlich, und ich muss nur den Weg gehen, den er mir zeigt."

Maria hat eine innere Haltung gefunden, mit der sie ihre Lebenskrise aushalten kann, auch wenn nicht alle Probleme gelöst sind. Maria und Josef können Krise, weil sie sich Gott anvertrauen, weil sie sich von ihm gehalten wissen.

Vertrauen in Gott als grundlegende Fähigkeit, um eine Krise zu meistern – das sollte für gläubige Menschen eigentlich selbstverständlich sein. Ist mir, ist uns im reichen Westen diese Fähigkeit abhandengekommen? Wir sind gut im Machen und Anpacken, im Analysieren und Perfektionieren, im Absichern und Abwägen. Aber im Vertrauen? Können wir Krise? Vielleicht ist das nicht die beste Frage, wenn es um Probleme und Schwierigkeiten geht. Vielleicht lautet die bessere Version dieses Satzes: Können wir vertrauen? Nicht nur, aber auch an Weihnachten?

Weihnachtslicht Nr. 5

„Werft euer Vertrauen nicht weg, welches eine große Belohnung hat." (Hebräer 10,35; LU)

Marias Hingabe an und ihr Vertrauen auf Gott wirken auf uns selbstbestimmte Menschen heute schnell naiv oder aus der Zeit gefallen. Trotzdem sind und bleiben sie grundlegend, wenn wir die Botschaft von Weihnachten verstehen und in unserem Leben umsetzen möchten: Sabine Schnabowitz ist eine junge Frau, die mit viel Gottvertrauen in der Türkei eine Schule für syrische Flüchtlingskinder aufgebaut hat. Ihre Worte können uns ein Vorbild in Sachen Vertrauen sein. Sabine sagt von sich: „Ich möchte Vertrauen wagen. Ich möchte Gott morgens, wenn ich in den Spiegel schaue, fragen: ‚Was hast du heute mit mir vor? Ich will mich von dir gebrauchen lassen.‘"[9]

„Ich vertraue dir"; Poetry-Slam von Chanel Czerlinski/wortliebend

6

Weihnachten zwischen Stallromantik und Realität

Alle Jahre wieder ist es so weit, meistens einige Tage vor
dem Heiligen Abend. In Besinnung auf das Fest bringen
viele Zeitungen einen ganzseitigen Artikel auf Seite 3 mit
dem Titel „Weihnachten, wie es wirklich war". Im besten Fall
lautet das Fazit des Artikels, dass es über die Weihnachtsgeschichte keine verlässlichen historischen Aussagen gäbe.
Im schlimmsten Fall wird die Geschichte mit dem Stall von
Bethlehem gleich dem Reich der Mythen und Legenden zu-
geordnet: Ganz nett, aber nie so passiert. Als Theologin
ärgert es mich immer ein bisschen, wenn meine Kollegen

solche Ansichten zum Besten geben. Ob ihnen bewusst ist, dass sie mit dem, was sie da behaupten, ihren eigenen Glauben unglaubwürdig machen?

Umgekehrt ist die Frage andererseits auch berechtigt, ob wir den Bericht von der Jungfrauengeburt, von der Krippe im Stall und von den Hirten und Weisen, die Jesus dort besuchen, für bare Münze nehmen dürfen oder nicht. Denn wenn das nicht der Fall ist, dann wird so manche Aussage über Gott und über das Leben von Jesus hinfällig. Ist Gott selbst aus Liebe zu uns Menschen wirklich unter ärmlichsten Verhältnissen geboren worden? Oder hat ein Schreiber die Geschichte nur etwas ausgeschmückt, weil er damit symbolisch ausdrücken wollte, dass Gott aufseiten der Armen steht? Und weitergedacht: Wie viel Symbolik ohne verlässliche Grundlage verträgt ein Glaube, ohne dass er auf Dauer selbst zu einem Sinnbild wird, das keine lebensverändernde Kraft mehr hat?

Wir leben heute in einer Zeit, in der wissenschaftliche Erkenntnisse für viele Menschen eine große Rolle spielen. Sie möchten wissen, auf was sie sich verlassen können. Ich schließe mich da mit ein. Ich möchte wissen, ob mein Glaube auf einem verlässlichen geschichtlichen Fundament steht oder nicht, und vielleicht empfindest du das ähnlich.

Also, was ist dran an der Weihnachtsgeschichte? Kannst du deine Krippe auch dieses Jahr beruhigt aufstellen oder solltest du es lieber sein lassen? Die Antwort lautet „jein". Denn ganz so, wie wir uns Weihnachten heute vorstellen, ist die Geschichte in Wirklichkeit wahrscheinlich nicht abgelaufen. Das legt zumindest ein Blick in den griechischen Grundtext nahe, der unserer deutschen Übersetzung zugrunde liegt.[10]

Der böse Wirt, der Maria und Josef kaltherzig abweist, ist möglicherweise tatsächlich eher ein Produkt unzähliger Krippenspiele als ein Teil der Wirklichkeit. Es war wohl vielmehr so, dass Maria und Josef versuchten, bei Verwandten unterzukommen. Deren Wohnraum war aber schon völlig überfüllt, inklusive eines Raumes, der sonst als Aufenthalts- und Wohnzimmer diente und manchmal auch als Gästezimmer genutzt wurde.

Auch die rasche Geburt unmittelbar nach der Ankunft des übermüdeten Ehepaars ist vermutlich eher unserem Wunsch nach Dramatik geschuldet, als dass es tatsächlich so war. *Gott sei Dank!*, denke ich mir. Denn die Umstände waren für Maria und Josef auch ohne eine halbe Sturzgeburt sicherlich schon anstrengend genug. Wahrscheinlich kam Jesus erst einige Tage nach ihrer Ankunft in Bethlehem zur Welt.

Weil das Paar für die Geburt ein gewisses Maß an Privatsphäre brauchte, zog es sich dafür in eine Art Grotte hinter dem Haus zurück, die als Winterquartier für die Tiere diente. Möglicherweise befand sich dieses Winterquartier in einer Höhle auf einem Feldstück etwas außerhalb von Bethlehem. So oder so befand sich in diesem *Stall* aber mit Sicherheit eine Krippe, in die Maria Jesus legen konnte. Für Maria sicherlich weniger schön, für die Hirten aber genau richtig. Sie brauchten in dieser Umgebung keine Hemmungen zu haben, dem Neugeborenen zu begegnen.

Apropos Hirten – es ist gut möglich, dass diese nie den Weisen aus dem Morgenland begegnet sind. Die Berichte von Matthäus und Lukas lassen sich hier nicht eindeutig zeitlich hintereinander anordnen. Möglicherweise kamen die Sterndeuter erst eine ganze Weile später bei Maria und Josef an. Das legt jedenfalls das Verhalten des Königs Herodes nach dem Besuch der Magier nahe.

Herodes ließ in Bethlehem aus Angst und Eifersucht alle Säuglinge und Kleinkinder bis zum vollendeten zweiten Lebensjahr töten, um Jesus auszuschalten. Das wäre nicht nötig gewesen, wenn er von einem Neugeborenen ausgegangen wäre. Die junge Heilige Familie lebte zu diesem Zeitpunkt vermutlich schon wieder in einer passableren Unterkunft und hat dort auch die Sterndeuter empfangen.

Manches an der Weihnachtsgeschichte ist also tatsächlich nicht gaaanz so gelaufen, wie wir es uns heute vorstellen. Einige Details kennen wir tatsächlich nicht genau. Deswegen brauchen wir aber weder alle Krippenspiele umzuschreiben noch die Weihnachtsgeschichte selbst in Bausch und Bogen zu verwerfen. Denn eines lässt sich mit großer Sicherheit sagen: Die Biografen von Jesus haben ihre Arbeit sorgfältig gemacht.[11]

Sie haben Wert darauf gelegt, einen zuverlässigen Bericht über die damaligen Ereignisse zu verfassen. Viele Details, die sie schildern, passen zu den zu dieser Zeit üblichen Gebräuchen und Gegebenheiten vor Ort. Ihre Ortskenntnis ist beeindruckend, und schon mancher Theologe, der meinte, den Evangelisten einen Fehler nachweisen zu können, wurde später durch archäologische Funde eines Besseren belehrt.

Ich jedenfalls werde meine Krippe mit den schönen Figuren aus dem Erzgebirge auch in diesem Jahr wieder aufstellen. Während ich das tue, werde ich sicherlich daran denken müssen, dass nicht alles ganz so romantisch war, wie es die Krippenidylle glauben machen will. Gleichzeitig werde ich aber hoffentlich auch wieder darüber staunen, dass Gott Mensch wird und sich bei seiner Geburt mit solch armseligen Bedingungen zufriedengibt. So war Weihnachten wirklich – und nur so hat es die Kraft, mit seiner Botschaft unser Leben zu verändern.

★

Weihnachtslicht Nr. 6

„Verehrter Theophilus! Schon viele haben versucht, all das aufzuschreiben, was Gott unter uns getan hat, so wie es uns die Augenzeugen berichtet haben, die von Anfang an dabei waren. Ihnen hat Gott den Auftrag gegeben, die rettende Botschaft weiterzusagen. Auch ich habe mich entschlossen, allem von Anfang an sorgfältig nachzugehen und es für dich, verehrter Theophilus, der Reihe nach aufzuschreiben. So wirst du feststellen, dass alles, was man dich gelehrt hat, zuverlässig und wahr ist." (Der Evangelist Lukas in seinem Vorwort zum Lukasevangelium; Lukas 1,1–4; Hfa)

Wenn du ein Weihnachtsskeptiker bist: Was wäre für dich das Genialste an der ganzen Weihnachtsgeschichte, wenn sie tatsächlich so passiert ist? Wenn du ein Romantiker bist: Warum könnte eine wirklichkeitsnähere Darstellung der Ereignisse deinem Glauben, deinem Staunen und deiner Liebe zur eigentlichen Weihnachtsgeschichte vielleicht sogar guttun?

Buchauszug „Was ist dran an Weihnachten"

Mein Herz für die Familie

Weihnachten im Familienkreis – das ist immer ein bisschen ein Balanceakt. Ich erinnere mich an eines unserer ersten gemeinsamen Weihnachtsfeste als Ehepaar. Mein Mann hatte Mühe nachzuvollziehen, warum für mich zum Fest eine blitzblanke Wohnung dazugehörte. Und mir fehlte das Verständnis, als er in allerletzter Minute noch eine Weihnachtskarte an einen Freund schreiben wollte. Die Folge dieser unterschiedlichen Erwartungen war ein unschöner Streit. Schließlich kamen wir schweigend und überhaupt nicht in weihnachtlicher Stimmung bei den Schwiegereltern an.

Im Laufe des Abends hat sich die schlechte Stimmung zwischen uns zum Glück irgendwann verflüchtigt – Weihnachten

macht es einem schwer, lange aufeinander sauer zu sein. Auf der anderen Seite ist die mit Kerzenlicht, Essensdüften und leiser Musik aufgeladene Stimmung während der Feiertage manchmal auch wie geschaffen für Streit. Vielleicht, weil jeder darauf bedacht ist, dass es zum Fest der Liebe um jeden Preis harmonisch zugehen muss? Dabei liegt es eigentlich auf der Hand, dass all die Dinge, die unterm Jahr für ein mühseliges Miteinander sorgen, am 24. Dezember um Punkt 17 Uhr nicht plötzlich verschwunden sind.

Bei all den großen und kleinen weihnachtlichen Streitigkeiten bringt es aber wohl keine Familie auf die traurige Bilanz, die eine jüdische Herrscherfamilie zur Zeit des ersten Weihnachtsfestes vorweisen konnte. Herodes der Große,[12] der in der Weihnachtsgeschichte erwähnt wird, hatte definitiv kein gutes Verhältnis zu seiner Familie. Herodes war allgemein für seine Grausamkeit bekannt und darunter litt auch seine Familie. Das Familienoberhaupt schreckte noch nicht einmal davor zurück, Angehörige ermorden zu lassen, wenn er sich von ihnen bedroht fühlte. Umgekehrt wuchs Herodes der Große selbst in einer Atmosphäre auf, die von Unsicherheit, politischen Machtspielen und ständigen Herrschaftswechseln bestimmt war.[13] Als junger Mann musste er miterleben, wie sein Vater von einem politischen Rivalen um das Jahr 42 v. Chr. vergiftet wurde.

Als Herodes später nach vielen Irrwegen und Intrigen dann endlich selbst auf dem Thron saß, schien er jegliches Vertrauen in seine Mitmenschen verloren zu haben. Überall sah er Gefahr durch mögliche Konkurrenten – egal, ob zu Recht oder nur eingebildet. War es da ein Wunder, dass der alt gewordene Herodes in Panik ausbrach, als ihn fremde Sterndeuter nach einem neugeborenen König der Juden fragen? Irgendwann im Laufe seiner politischen Karriere musste Herodes innerlich zu hart geworden sein, um für eine Botschaft der Hoffnung und des Friedens, die nicht an Macht gekoppelt war, noch empfänglich zu sein.

Damit ist mir der machthungrige König aus der Weihnachtsgeschichte ein trauriges und mahnendes Vorbild für den Umgang mit meinen eigenen Gefühlen und Gedanken. Natürlich ist er ein extremes Beispiel. Zum Glück! Aber im Kleinen geht es uns allen vielleicht manchmal ein wenig ähnlich. Ich merke zumindest bei mir, dass ich mich immer wieder selbst kritisch hinterfragen muss: Wie verhalte ich mich, wenn ich erlebe, dass Menschen mich enttäuschen? Was macht es mit mir, wenn sich ein Konflikt trotz gutem Willen nicht verändern lässt? Schleichen sich dann nicht auch bittere, zynische oder selbstgerechte Gedanken in mein Herz?

Diese Arbeit an der inneren Herzenshaltung gehört für mich deswegen dazu, wenn ich die echte Weihnachtsfreude wiederfinden möchte. Denn Jesus bringt und verspricht keinen oberflächlichen Frieden. So schön ein paar friedliche Feiertage zum Jahresende sind – Jesus möchte mehr von mir. Er, der Friedenskönig, möchte, dass ich lerne zu vergeben, zu segnen, zu lieben und zu hoffen, selbst wenn alles um mich herum dagegenspricht und die Nerven blank liegen.

Die Familie ist für die meisten von uns wahrscheinlich das natürliche Umfeld, um diese Eigenschaften einzuüben. Das ist oft schmerzhaft und kratzt manchmal auch an unserer Ehre. Aber was ist die Alternative? Ein Herz, das immer ichbezogener wird? Und weiter gefragt: Kann ein solches Herz noch fröhlich Weihnachten feiern? Es ist nicht schön, wenn es an Heiligabend oder im Alltag zu Streit inner- und außerhalb der Familie kommt. Mir bleiben solche Situationen ein Ansporn, mein Herz immer wieder Gott hinzuhalten und ihn um Veränderung zu bitten. Wenn ich diese Haltung jeden Tag im Jahr einübe, stehen die Chancen ein klein wenig besser, dass es auch an Weihnachten einigermaßen friedlich zugeht. Eine Garantie ist es allerdings nicht.

Mein Mann und ich stolpern seltsamerweise jedes Jahr wieder über irgendetwas, das an den Feiertagen sein volles Konfliktpotenzial entfaltet. Aber ich glaube, ich kann ehrlich sagen, dass die Gemüter deswegen nicht mehr ganz so hochkochen wie zu Beginn unserer Ehe – und das ist doch auch schon mal was!

Weihnachtslicht Nr. 7

„Mehr als alles, was man zu bewachen hat, behüte dein Herz; denn von ihm hängt das Leben ab." (Sprüche 4,23; MENG)

Vielleicht musstest du beim Lesen des heutigen Textes spontan an eine Person denken, mit der du immer wieder Schwierigkeiten hast. Vielleicht hast du schon versucht, mit ihr oder ihm besser auszukommen, und trotzdem bleibt die Beziehung schwierig. Mir hilft in solchen Situationen manchmal ein Lied weiter, das ich zu einem Gebet formuliere.

Es lautet: „Gott, lass mein Herz nicht hart werden. Lass meine Liebe nicht erkalten. Schenke es mir, dass mein Herz immer offen wie das von einem Kind bleibt und nie alt und verbittert wird. Lass mein Herz nicht hart werden – lass mich immer das Heilmittel dagegen kennen: Hilf mir, mein Herz vor Jesus zerbrechlich und verletzlich zu halten. Hilf mir, mein Herz dankbar, sanftmütig und rein zu halten."[14]

Vielleicht möchtest du diese Worte heute mitbeten und dabei an die Person oder Situation denken, die dir gerade am meisten Mühe macht.

Don't Let Your Heart Be Hardened ~ Petra ~ Lyric-Video

8
Kerzen in der Dunkelheit

Weihnachten – das ist immer auch ein Zusammenspiel oder vielmehr ein Gegensatz von Licht und Dunkelheit. Ich finde es erstaunlich, wie dunkel eine Dezembernacht sein kann. Hast du da schon einmal bewusst drauf geachtet? Nicht nur, dass es schon am späten Nachmittag dämmert. Die darauf folgende nächtliche Dunkelheit hat im Gegensatz zu einer Nacht im Sommer etwas Undurchdringliches, Umfassendes. Umso schöner ist es dann, in das Licht der Weihnachtsbeleuchtung überall einzutauchen.

Von meinem Platz am Schreibtisch fällt mein Blick auf drei Häuser, die wunderschön geschmückt sind. Mal ist es eine schlichte Lichtergirlande um das Balkongeländer, mal

eine vom Dach fallende Kaskade aus Licht und im Wintergarten des dritten Hauses leuchtet ein heller Stern. Wenn ich beim Schreiben hinausschaue, dann geben mir diese Lichter ein Gefühl von Geborgenheit und Sicherheit. Sie nehmen der Dunkelheit ihre Bedrohlichkeit.

Dieses weihnachtliche Aufeinandertreffen von Licht und Dunkelheit ist für mich ein Sinnbild für eine tiefe spirituelle Wahrheit: Sosehr wir es uns auch wünschen, unser Leben besteht nicht nur aus schönen, hellen Momenten. Unsichere Zeiten, Krisen, Krankheiten und sogar Krieg, Terror und Leid sind ebenfalls Teil unseres Menschseins.

In der biblischen Weihnachtsgeschichte tritt dieser Gegensatz besonders krass zutage: Da wird auf der einen Seite die Herrlichkeit Gottes beschrieben, die die Engel umstrahlt. Da fühlen wir die Freude von Maria und Josef, den Hirten und den Sterndeutern über das neugeborene Kind, das alle Menschen retten soll. Nur kurze Zeit später bekommt diese ungetrübte, überschwängliche Freude einen gewaltigen Dämpfer. Mit voller Wucht stürzt sich das Böse über die Ereignisse, und es sieht fast so aus, als ob die Dunkelheit alles verschlingen will, was zuvor so hell und hoffnungsfroh geleuchtet hat: König Herodes lässt aus Eifersucht in Bethlehem alle Kinder unter zwei Jahren von seinen Soldaten umbringen. Maria und Josef können ihren kleinen Jesus gerade noch rechtzeitig retten, indem sie nach Ägypten fliehen.

Ich habe mich schon oft gefragt, warum Gott dieses Blutbad an den Kleinsten nicht verhindert hat. Warum muss sich die Freude über den neugeborenen Retter mit der Klage um die getöteten Kinder vermischen? Hätte Gott nicht wenigstens in diesem Moment der Weltgeschichte dem Bösen Einhalt gebieten können? Ich vermute, dass Gottes Handeln an dieser Stelle damit zu tun hat, dass das Böse in dieser Welt eine größere Realität ist, als wir es oft wahrhaben und uns eingestehen wollen.

Wir gehen heute in unserer westlichen Gesellschaft davon aus, dass der einzelne Mensch und die Menschheit im Ganzen im Kern gut ist. Und wir hoffen und glauben, dass dieses Gute sich entfalten kann und wird, sobald die äußeren Umstände dafür endlich so sind, wie sie sein sollten. Die Bibel zeichnet aber ein anderes Bild. Sie sieht den Wert und die Fähigkeiten jedes einzelnen Menschen als ein von Gott unendlich geliebtes Geschöpf. Sie beschreibt aber auch unbeschönigt die Abgründe menschlichen Handelns in einer Welt, die ohne Gott zurechtzukommen versucht und es manchmal auch ganz bewusst ohne ihn schaffen will. Das ist heute nicht anders als vor 2000 Jahren in Bethlehem. Und bis heute sind Kinder oft diejenigen, die unter Konflikten oder Kriegen am meisten zu leiden haben.

Wenn wir neu begreifen wollen, was Weihnachten bedeutet, dann müssen wir auch verstehen lernen, wie unermesslich groß die Dunkelheit dieser Welt ist. Das soll keine Schwarzmalerei sein – Gott sei Dank gibt es auch genug Schönes, Dinge zum Freuen und zum Genießen! All das ist letztlich aber Gottes Gegenwart und seinem Segen zu verdanken. Da, wo Gott abwesend ist, kann nichts Gutes mehr entstehen. Vor diesem Hintergrund strahlt das Licht von Weihnachten umso heller – um mal ein klischeehaftes Bild zu bedienen. Denn Weihnachten bedeutet letztlich ja nichts anderes, als dass Gott selbst in die Dunkelheit hineinkommt. Er lässt sich voll auf sie ein, setzt sich ganz ihrer Gefahr und ihrer Macht aus und überwindet sie am Ende doch von innen heraus.

Allerdings wirft Gott mit diesem Sieg nicht gleich die ganze Geschichte über den Haufen und schafft das Böse buchstäblich aus der Welt. Sein Plan ist ein anderer. So, wie er die Dunkelheit von innen heraus erhellt, möchte er auch, dass jeder einzelne Mensch von innen heraus verändert wird. Sein Licht bricht bildlich gesprochen nicht auf einmal von oben herab auf die gesamte Menschheit ein und leuchtet die Dunkelheit wie ein gigantischer Baustrahler aus. Stattdessen sollen wir als einzelne Menschen anfangen zu leuchten, indem wir ganz bewusst unser Leben mit diesem Gott zusammen gestalten und ihn zum Zentrum unseres Seins machen.

Herodes hat sich diesem Licht verweigert. Maria und Josef, die Hirten, die Sterndeuter und nach ihnen noch viele andere haben sich ihm ausgesetzt. Sie haben dabei die Erfahrung gemacht, dass dieses Licht ihr Leben verändert hat. Weihnachten ist jedes Jahr wieder neu eine Einladung, sich ebenfalls auf die Suche nach diesem Licht in unserer dunklen Welt und im eigenen Herzen zu begeben. Die äußere Dunkelheit im Dezember und die Kerzen und Lichtbögen an den Häusern sind eine schöne Erinnerung daran.

Weihnachtslicht Nr. 8

„Durch Jesus wurde alles geschaffen, was ist. Es gibt nichts, was er, das Wort, nicht geschaffen hat. Das Leben selbst war in ihm, und dieses Leben schenkt allen Menschen Licht. Das Licht scheint in der Dunkelheit, und die Dunkelheit konnte es nicht auslöschen." (Johannes 1,3–5; NL)

Weihnachtstürchen Nr. 8

Der Gegensatz zwischen Licht und Dunkelheit, Gut und Böse ist ein Thema, das viele Künstler, Autoren und Sänger in ihren Werken aufgegriffen haben. Vielleicht denkst du jetzt spontan an ein Gemälde, ein Buch, ein Musik- oder Theaterstück. Wie wäre es, wenn du dich in dieser Adventszeit einmal bewusst damit auseinandersetzt – vor dem Hintergrund, dass an Weihnachten das Licht schlechthin in die Welt gekommen ist. Oder du wirst selbst kreativ und stellst das menschliche Ringen zwischen Hell und Dunkel, Recht und Unrecht in einer Collage, einem Gedicht oder einem Lied dar. Wer weniger künstlerisch begabt ist oder nicht so viel Zeit hat, dem hilft eine nächtliche Fackelwanderung dabei, Licht und Dunkelheit mit allen Sinnen zu erfahren. Das ist auch eine tolle Aktion für Familien! Oder zünde dir im dunklen Wohnzimmer eine einzelne Kerze an und beobachte, wie das Licht den Raum verändert.

Was auch immer dir an kreativen Ideen einfällt – lass es dir in deinem Alltag in diesen Wochen vor Weihnachten ganz buchstäblich hell werden.

Danny Plett – Die Nacht ist vorgedrungen

9

Loslassen – Frieden finden

Es ist der Nachmittag des Heiligen Abends. Unser Jüngster liegt mit einer Erkältung im Bett und schläft. Mein Mann und der Große sind im Gottesdienst. Ich nutze die Stille, um ein paar letzte Handgriffe zu erledigen und auf WhatsApp einen weihnachtlichen Gruß zu posten. Es liegt eine besondere Stimmung im Haus – die Hektik der vergangenen Tage verliert sich irgendwo zwischen Tisch-Eindecken und den weihnachtlichen Bildern im Status meiner Freunde und Bekannten. Was jetzt nicht geschafft ist, bleibt bis irgendwann nach den Feiertagen liegen. Ich mag diesen Moment,

in dem alle Vorbereitungen abgeschlossen sind und sich der Blick endlich und wirklich auf das Fest am Abend richtet.

Gleichzeitig ist es fast jedes Jahr so, dass ich am Morgen des 24. Dezember mehr oder weniger gehetzt feststelle, was ich in dieser Adventszeit alles mal wieder nicht geschafft habe. Meinen Traum von einem perfekt geputzten und aufgeräumten Haus habe ich ja schon erwähnt. Ich würde so gerne einmal erleben, dass das Festliche und Feierliche, der Neubeginn und das Himmlische, das ich mit Weihnachten verbinde, sich ganz sichtbar in unseren Zimmern widerspiegeln. Keine Kleiderstapel auf irgendeinem Sessel, keine Staubflusen unter dem Bett. Weihnachtsidylle à la Werbeprospekt sozusagen.

Aber auch andere Dinge sind liegen geblieben: der Gruß an die Männer der Stadtreinigung, denen ich eigentlich vor der letzten Abfuhr ein kleines Dankeschön an die Mülltonne hängen wollte. Auch der Zeitungsausträger ist dieses Jahr leer ausgegangen. Ein neues Kleid habe ich mir auch nicht gekauft – was im Endeffekt nicht weiter tragisch ist. Wer Weihnachten mit Kindern feiert, ist mit einer bequemen Hose und einer schicken Bluse besser bedient. Trotzdem erlebe ich die Spannung zwischen dem morgendlichen „Was muss alles noch getan werden?!" und dem „Es ist jetzt gut so, wie es ist!" am Spätnachmittag jeden 24. Dezember wieder neu.

Vielleicht gehört auch das ganz wesentlich zu Weihnachten – loszulassen, was hätte sein können, aber dann doch nicht geklappt hat. Was wir uns gewünscht haben und was dann doch nicht Wirklichkeit geworden ist. Egal, ob es sich dabei um weiße Weihnachten oder ein friedliches Miteinander der Geschwister handelt. Es gibt so vieles, was wir nur bedingt beeinflussen können, und das nicht nur im Blick auf die Festtagsvorbereitungen, sondern auf das Leben selbst.

Ich muss in diesem Zusammenhang an Simeon denken, diesen alten Mann aus der Weihnachtsgeschichte. Als der neugeborene Jesus in seinen Armen liegt, sagt er: „Herr, nun kann ich in Frieden sterben! Wie du es mir versprochen hast, habe ich den Retter gesehen, den du allen Menschen geschenkt hast."[15]

Simeon hatte sein Leben lang darauf gewartet, dass der angekündigte Retter endlich kommt. Gott hat diese Sehnsucht gesehen und ihm versprochen, dass er die Ankunft des Messias tatsächlich erleben würde. Jetzt war er da, der große Moment. Endlich! Simeon hält Jesus in den Armen. Wäre er so gestrickt gewesen wie ich, dann wären seine Gedanken in diesem Moment auf Hochtouren gelaufen: *Wie geht es weiter mit diesem Kind?! Es ist so klein und hilflos – kann es die Herkulesaufgabe, die vor ihm liegt, überhaupt bewältigen? Sind seine Eltern fähig, ihn zu erziehen? Was, wenn er scheitert? Welche Methode wird er wählen, um an die Macht zu kommen? Wie wird das Leben in unserem Land aussehen, wenn er endlich, endlich groß ist und alles im Griff hat ...* Doch Simeon stellt sich all diese Wenns und Wies gar nicht. Stattdessen erlebt er einen inneren Frieden, der so groß ist, dass der alte Mann bereit ist zu sterben.

Simeon strahlt einen Frieden aus, der sich von äußeren Begebenheiten oder inneren Zweifeln nicht aus der Ruhe bringen lässt. Davon wünsche ich mir mehr für meinen Alltag, nicht nur an Weihnachten, sondern an jedem Tag und ganz besonders dann, wenn alles drunter und drüber geht. Ich möchte von Simeon lernen, dass ich Fragen, Halbfertiges, Missglücktes und Zerbrochenes loslassen kann. Loslassen und Gott überlassen, in dem Vertrauen darauf, dass er Unvollendetes vollenden wird.

★

Weihnachtslicht Nr. 9

„Macht euch keine Sorgen, sondern wendet euch in jeder Lage an Gott und bringt eure Bitten vor ihn. Tut es mit Dank für das, was er euch geschenkt hat. Dann wird der Frieden Gottes, der alles menschliche Begreifen weit übersteigt, euer Denken und Wollen im Guten bewahren, geborgen in der Gemeinschaft mit Jesus Christus." (Philipper 4,6+7; GN).

★

Wo spürst du in deinem Leben den Unterschied zwischen Wunsch und Wirklichkeit besonders deutlich? Das kann mit Blick auf Weihnachten sein, aber auch ganz allgemein auf die großen und kleinen Lebensfragen. Was bräuchte es, dass du diese Menschen oder Dinge Gott anvertrauen und Frieden darüber finden könntest?

Sefora Nelson – Lege deine Sorgen nieder (live)

10

Man muss ein bisschen verrückt sein, um an Weihnachten zu glauben

In der Weihnachtszeit poste ich in den sozialen Medien manchmal etwas zur Bedeutung des Weihnachtsfestes. Mal ist es ein Bild über die Aussage des jeweiligen Adventssonntags, ein anderes Mal ein Artikel, in dem es um die historischen Hintergründe der biblischen Geschichte geht. Dabei frage ich mich hin und wieder, was meine nicht religiösen Freunde und Bekannten über meine Posts denken. Ob sie irgendwo an die Aussagen anknüpfen können? Oder

hört sich vieles für sie einfach nur schräg an, weil es sehr weit weg liegt von ihrer Lebenswelt und von ihrer Einstellung zu Weihnachten als Familienfest?

Wenn ich über diese Fragen nachdenke, komme ich mir selbst ein bisschen seltsam vor. Bin ich denn eine Exotin, die an etwas glaube, was andere längst ins Reich der Märchen oder Legenden verbannt haben? In solchen Momenten sucht man sich Verbündete – und ich habe mich gefreut, als ich einige in der Weihnachtsgeschichte gefunden habe: die heiligen drei Könige. Oder besser die Sterndeuter, von denen Matthäus in seinem Bericht über die Weihnachtsgeschichte schreibt.

Sie gehen davon aus, dass die Sterne Botschaften der göttlichen Welt vermitteln können. Deswegen werden sie aufmerksam, als sie am Himmel eine Beobachtung machen, die auf ein besonderes Ereignis hinweist: Der Königsstern Jupiter nähert sich Saturn.[16]

Diese sogenannte „Große Konjunktion" zwischen den beiden Planeten kann man auch heute noch etwa alle 20 Jahre beobachten. Zuletzt fand eine solche Annäherung im Dezember 2020 statt. Die Medien haben ausführlich über diesen „modernen Stern von Bethlehem" berichtet und viele Menschen haben das Phänomen beobachtet. Für die Männer, über die Matthäus berichtet, war das Ganze allerdings mehr als ein besonderes himmlisches Spektakel. Sie haben darin einen kosmischen Hinweis für die Geburt eines neuen, eines besonderen Königs gesehen.

Es ist für uns heute nicht konkret nachvollziehbar, was genau unsere Sterndeuter am Himmel beobachtet haben und warum diese Beobachtung sie schlussfolgern ließ, dass ein neuer jüdischer Herrscher geboren sein musste. Aber was es auch war, es hat sie auf die Beine gebracht oder vielmehr auf die Kamele. Vielleicht haben dabei auch einige alte, jüdische Schriften eine Rolle gespielt.

Etwa 600 Jahre vor Christi Geburt hatte es nämlich Berührungspunkte zwischen der jüdischen und der babylonischen Kultur gegeben. Damals waren jüdische Gefangene als Folge eines brutalen Eroberungskrieges nach Babylon verschleppt worden. Einer von ihnen namens Daniel hatte es später zu erheblichem Ansehen unter den Weisen am babylonischen Königshof gebracht. So könnte die alte, biblische Weissagung von einem aufgehenden Herrscher-Stern und einem jüdischen Messias in das Wissen babylonischer Astrologen Eingang gefunden haben.[17] Wie auch immer – eine kleine Gruppe gelehrter Männer machte sich auf den Weg.

Ich finde ihr Verhalten ungewöhnlich. Rein menschlich betrachtet ist es unsinnig, sich wegen ein paar alter Schriften und eines seltsamen Sterns auf eine lange und beschwerliche Reise zu machen. Was, wenn sie am Ende enttäuscht und mit leeren Händen zurückkehren? Die Sterndeuter sind anscheinend bereit, dieses Risiko einzugehen, und packen sogar noch ein paar großzügige Geschenke ein.

Am Ziel ihrer Reise sieht es dann erst einmal so aus, als ob alles doch ein Reinfall wäre. Der gesuchte König lebt nicht in einem Palast, sondern unter ärmlichen Verhältnissen. Seine Familie wirkt auch nicht gerade so, als ob sie das Zeug dazu hätte, bessere Zeiten für alle herbeizuführen. Das

Erstaunliche ist, dass sich die gelehrten Männer durch diese äußeren Begebenheiten nicht davon abhalten lassen, dem kleinen Jesus voller Respekt zu begegnen. Sie knien vor ihm nieder – eine Geste, deren Bedeutung wir in unserer Demokratie wahrscheinlich gar nicht mehr richtig erfassen können. Auch ihre Geschenke drücken höchste Wertschätzung aus.

All das bringt mich zu der Frage, warum die Sterndeuter so überzeugt davon sind, dass dieses Kind wirklich der König ist, den sie gesucht haben? Der Bibeltext liefert uns dafür eigentlich nur eine mögliche Antwort: Sie haben Gottes Botschaft in dem Stern gesehen und verstanden.

An diesem Punkt finde ich mich in den Weisen aus dem Morgenland wieder. Wirkt mein Glaube an die Weihnachtsgeschichte nicht auch ein bisschen verrückt? Ich sehe in der Geburt von Jesus so viel Schönes, so vieles, was Hoffnung macht und letztlich alles radikal verändert. Ist das nicht zu hoch gegriffen? Ist die Geschichte nicht einfach nur ein schönes Symbol dafür, was Liebe alles bewirken kann? Eine Beispielgeschichte, an der wir uns ein Vorbild nehmen sollen?

Wie ich es auch drehe und wende, die Weihnachtsgeschichte wird in meinen Augen ihrem hohen Anspruch nur dann gerecht, wenn Gott selbst ein bisschen verrückt ist. Wenn er selbst alles auf eine Karte setzt und Mensch wird. Gott wird Mensch. Das ist menschlich gesehen nicht nachvollziehbar. Es gibt nicht viele Möglichkeiten, das einzuordnen. Entweder die Geschichte ist tatsächlich so geschehen, sie ist ein schönes, religiöses Märchen oder völliger Blödsinn.

Ich glaube, wer Weihnachten neu entdecken möchte, der kommt nicht darum herum, sich diesem Entweder-oder zu stellen. Er muss für sich klären, was Weihnachten bedeutet, muss ein wenig verrückt und wagemutig werden und sich auf den Gedanken einlassen, dass Jesus Gott ist. Denn wenn das wahr ist, dann ändert sich alles. Dann gibt es tatsächlich eine Liebe, die alles gibt, um mich zu erreichen. Dann gibt es eine Hoffnung, die an den schlimmsten Umständen nicht zerbricht. Dann steht Gott an unserer Seite.

Wenn ich an Weihnachten Posts schreibe oder Weihnachtskarten verschicke, dann wünsche ich mir sehr, dass andere von dieser radikalen Botschaft berührt werden. Und dass sie verrückt genug sind, sich darauf einzulassen.

★

Weihnachtslicht Nr. 10

„Viele Male und auf verschiedenste Weise sprach Gott in der Vergangenheit durch die Propheten zu unseren Vorfahren. Jetzt aber, am Ende der Zeit, hat er durch seinen eigenen Sohn zu uns gesprochen. Der Sohn ist der von Gott bestimmte Erbe aller Dinge. Durch ihn hat Gott die ganze Welt erschaffen. Er ist das vollkommene Abbild von Gottes Herrlichkeit, der unverfälschte Ausdruck seines Wesens. Durch die Kraft seines Wortes trägt er das ganze Universum." (Hebräer 1,1–3a; NGÜ)

Gott wird Mensch. Wie wirkt dieser Satz auf dich? Was bewirkt er in dir? Vielleicht hast du diese Aussage schon tausendmal gehört und findest sie völlig normal. Dann bitte Gott, dass du neu verstehst, was das Besondere daran ist.

Wenn du diesen Satz jedoch zum ersten Mal bewusst hörst – was löst er in dir aus? Wenn du möchtest, schreibe deine Gedanken dazu auf, gestalte ein Bild dazu oder geh spazieren und denke dabei darüber nach.

Der Weihnachtsstern 2020:
Die Große Konjunktion Jupiter und Saturn am 21.12.2020

11

Gloria – ein Gott zum Staunen

Es gibt einige Weihnachtslieder, die bringen mich stimmlich und atemtechnisch an meine Grenze. „Engel singen helle Lieder" ist so eines. Bei diesem Lied beginnt der Lauf für das „Gloria" im Refrain je nach Tonart beim zweigestrichenen D und endet vier Takte später eine Oktave tiefer. Da muss man sich die Luft gut einteilen. Trotzdem mag ich das französische Weihnachtslied aus dem 18. Jahrhundert. Die Melodie hat etwas Unbeschwertes an sich und löst schon allein beim Zuhören ein gutes Gefühl aus. Der Liedtext ist schlicht, aber eindrücklich. Er erzählt die Geschichte der Hirten und der Engel auf den Feldern von Bethlehem nach. Der Refrain ist sogar wörtlich der lateinischen Bibel entnommen. „Gloria

in excelsis Deo – Ehre sei Gott in der Höhe" – so singen die Engel, als sie den Männern bei den Schafen die Nachricht über die Geburt von Jesus bringen.

Was sich im Lied schön anhört, ist sprachlich im Alltag eher ungebräuchlich. Oder wann hast du das letzte Mal das Wort „Ehre" benutzt? Wir gebrauchen den Begriff am ehesten noch, wenn wir ausdrücken möchten, dass ein besonderes Ereignis oder eine Begegnung mit einem berühmten Menschen für uns eine Ehre ist.

Im Bibeltext ist es Gott, der geehrt werden soll. Was ist damit gemeint? Möchte Gott, dass wir ihm auf eine besonders respektvolle Art und Weise begegnen? Legt er Wert auf eine bestimmte Etikette? Oder sollen wir ihm möglichst dankbar begegnen, weil er so viel für uns getan hat?

Es scheint logisch zu sein, dass er als Schöpfer und Retter von uns Menschen unsere besondere Anbetung verdient hat. Aber geht es dabei auch steif und distanziert zu? Sind wir Gott gegenüber wie die Soldaten, die bei einem militärischen Empfang strammstehen und dabei höchstens einen kurzen Blick auf den Ehrengast werfen können, der einige Meter vor ihnen über den roten Teppich schreitet?

Ich muss gestehen, dass ich im Unterbewusstsein ein solches Bild hatte, wann immer ich die Aussage gehört habe, dass Gott geehrt werden soll. Es erschien mir eine eher förmliche Sache zu sein. Oder um ein weiteres Bild zu gebrauchen: Manchmal hatte ich den Eindruck, Gott wartet darauf, dass wir ihn dankenswerterweise erwähnen, so, als würde ein Redner bei einem offiziellen Anlass ganz zu

Beginn die Vertreter aus Politik, Wirtschaft und Kultur begrüßen.

Eines Tages habe ich angefangen, mit Gott über diesen inneren Zwiespalt zu reden, den das *Gloria* in mir hervorgerufen hat. Schließlich kommen ähnliche Formulierungen wiederholt in der Bibel vor. In den Psalmen und in der Offenbarung geht es immer wieder darum, dass Engel und Menschen Gott ehren oder dazu aufgefordert werden, es zu tun. Das Thema scheint für die Verbindung zwischen Gott und Mensch zu wichtig zu sein, als dass ich es einfach weiter mit diesen förmlichen Bildern in Verbindung bringen wollte. So bat ich Gott, mir zu zeigen, was damit gemeint ist.

Eine ganze Weile lang passierte auf mein Gebet hin nichts und das Thema rückte zeitweise wieder in den Hintergrund. Der Groschen fiel dann völlig unerwartet an einem Abend, an dem ich mit etwas komplett anderem beschäftigt war. Ich hatte mir im Internet einige Sendungen angeschaut, in denen Menschen erzählen, wie Gott ihr Leben verändert hat. Ich war fasziniert davon, wie er den einzelnen in ihren schwierigen Umständen begegnet war, wie sie sich ihm geöffnet hatten und wie es für diese Menschen dann auf einmal wieder Hoffnung gab. In einem Fall wurde das Leben einer Familie derart umgekrempelt, dass die Mutter auf einmal fähig war, für ihre Kinder zu sorgen, nachdem sie sie zuvor jahrelang vernachlässigt hatte.[18]

Während ich mehrere dieser Geschichten anschaute, spürte ich irgendwann eine große Dankbarkeit und Freude darüber, dass Gott diesen Menschen persönlich begegnet war und ihnen auf ganz fassbare Art und Weise geholfen hatte. Ich begann zu beten und meinem Gott für sein Eingreifen zu danken. Gleichzeitig staunte ich darüber, wie er mit ihnen ganz individuelle Wege gegangen war, damit sie einen Blick dafür bekommen konnten, dass Gott ihr Herr, ihr Vater und ihr Freund sein möchte.

In diesem Moment machte es *klick* und es war, als ob Gott mir sagte: „Siehst du, das ist damit gemeint, wenn es in der Bibel darum geht, dass ich geehrt werde. Es geht nicht um eine steife Formsache. Im Gegenteil – es ist die pure Freude darüber, was ich alles an Gutem für die Menschen bewirke und wo überall auf dieser Welt man mein Handeln finden kann."

So gesehen, ergibt es absolut einen Sinn, dass die Engel an Weihnachten Gott ehren. Denn es hat in der Weltgeschichte wohl kaum andere Augenblicke gegeben, in denen Gott radikaler für uns Menschen aktiv geworden ist. Schließlich hilft Gott hier nicht nur einem einzelnen Menschen aus der Not, sondern er startet ein Rettungsprogramm, das allen zugutekommt, die sich darauf einlassen. Ist es da ein Wunder, dass die Engel vor lauter Freude und Begeisterung über diesen Gott kaum noch an sich halten können?

Auch im Blick auf das biblische Buch der Offenbarung wird so viel klarer, warum Gott dort immer wieder zugejubelt wird. Denn die Texte in diesem Buch berichten davon, dass er die Menschen endgültig von allem Leid, allen Schmerzen, jeder Traurigkeit und jeder Angst befreien wird. Gott wirkt und das tut er für uns. Dieser Gedanke bringt mich zum Staunen. Denn so etwas kann nur unser Gott.

Kein Mensch hat die Fähigkeit, derart grundlegende Dinge zu machen, wie Gott es kann und tut. Sei es, dass er diesen Kosmos durch sein Wort ins Leben ruft oder dass er zerbrochene Herzen heilt, Kranke gesund macht, Schuld vergibt und Unrecht gerecht richtet. Oder dass er selbst Mensch wird, um uns wieder beziehungsfähig mit ihm und unserer Umwelt zu machen. Es sind diese Dinge, die Gott so besonders, so einmalig machen und die uns zum Staunen über sein Wesen und sein Handeln bringen können.

Wenn ich heute eine Definition dafür schreiben sollte, was es bedeutet, Gott zu ehren, würde ich es ungefähr so formulieren: Gott zu ehren bedeutet, dass ich beginne zu begreifen und anzuerkennen, was er tut und wie er ist. Meine Kinder sagen: „Boah, Alter!", wenn sie von jemandem oder etwas besonders beeindruckt sind. Ich würde diesen Ausdruck Gott gegenüber nie in den Mund nehmen. Aber das Gefühl, das dahintersteckt, drückt für mich ganz gut aus, was mit *ehren* gemeint ist.

Was für mich dann allerdings noch dazukommt, ist ein Staunen darüber, dass ich diesen großen Gott persönlich kennen darf und dass ich ihm mit Liebe und Hingabe auf sein Handeln antworten kann. Im Alltag gehen dieser staunende Blick und die leidenschaftliche Antwort leider viel zu schnell verloren. Vielleicht ist es deswegen eine gute weihnachtliche Hausaufgabe für mein Herz, bewusst darauf zu achten, wo Gott etwas tut, das mich zum Staunen bringt. Machst du mit? Dann hätten wir gemeinsam wieder einen Grund mehr, in das *Gloria* einzustimmen …

Weihnachtslicht Nr. 11

„Würdig bist du, unser Herr und Gott, dass alle dich preisen und ehren und deine Macht anerkennen. Denn du hast die ganze Welt geschaffen; weil du es gewollt hast, ist sie entstanden." (Offenbarung 4,11; GN)

Weihnachtstürchen Nr. 11

Wenn es dir gerade schwerfällt zu sehen, wo Gott im Leben von Menschen handelt, dann schau doch einmal auf der Internetseite von Thomas Meyerhöfer vorbei. Unter dem Titel *Superfromm* erzählen dort Menschen, was sie mit Gott erlebt haben. Die Sendungen sind ebenfalls über Bibel TV abrufbar. Darüber hinaus produziert der ERF mit der Sendereihe *Mensch Gott* ein Format, in dem ganz unterschiedliche Persönlichkeiten über ihren Weg zu und mit Gott erzählen.

„ERF Mensch Gott" mit Myriam Geister

12
Gott und das Superman-Dilemma

Kennt hier irgendjemand noch die Superman-Serie aus den 90er-Jahren? Die mit Lois Lane und Clark Kent? Ich habe als Teenie nur wenige Serien geschaut, aber für Dean Cain in seiner Doppelrolle als Reporter Clark und Superman habe ich tatsächlich ein wenig geschwärmt. Es war tragisch mitanzusehen, wie Clark seine Reporterkollegin Lois aus der Ferne angehimmelt hat, während diese nur Augen für Superman hatte – nicht wissend, dass die beiden Männer in Wirklichkeit ein und dieselbe Person sind. Ich habe mit den beiden

mitgefiebert, als sie sich endlich nähergekommen sind und später abwechselnd in Lebensgefahr gerieten.

Außerdem erinnere ich mich gerne an Clarks gütige Pflegeeltern Martha und Jonathan Kent, die ihn auf ihrem Bauernhof großgezogen haben, nachdem er dort auf mysteriöse Art und Weise als kleiner Junge aus dem All gelandet war. Denn in Wirklichkeit ist Clark Kent gar kein Mensch, sondern ein Bewohner des Planeten Krypton und aus diesem Grund mit Superkräften ausgestattet, die er später als Erwachsener unter dem Deckmantel seiner Superheldenidentität zum Wohl der Einwohner von Metropolis einsetzt.

Manchmal muss ich an diese Serie denken, wenn ich einen bestimmten Bibeltext lese. Darin wird beschrieben, wie Jesus alle seine Vorrechte ablegt, als er Mensch wird. Wie er die Rolle eines Bediensteten annimmt und sich selbst total klein macht, damit er auf einer Stufe mit uns Menschen steht. Für mich ist diese Stelle im Philipperbrief ein wichtiger weihnachtlicher Text, auch wenn er nicht in den vier Biografien von Jesus vorkommt. Denn das, was darin ausgesagt wird, ist an Weihnachten tatsächlich passiert: Gott wird Mensch mit allem, was dazugehört.

Er macht sich buchstäblich klein und taucht als Schöpfer in die Welt seiner Geschöpfe ein. Er muss als Baby einen engen Geburtskanal passieren, damit er das Licht der Welt erblickt. Als Säugling muss er auf die Hilfe seiner Eltern warten, wenn er Hunger hat oder die Windeln voll sind. Vermutlich leidet er als Kleinkind unter Kinderkrankheiten, hat hohes Fieber und weint sich in den Schlaf. Höchstwahrscheinlich macht er als Fünfjähriger die Erfahrung, dass eine übermüdete Maria ihn auch mal grob abkanzelt, wenn er wegen einer Schürfwunde weint. Gut möglich, dass seine zehnjährigen Freunde ihn auslachen, weil er sich Gedanken über Gott und die Welt macht, die ihnen viel zu hoch sind.

Mit zwanzig Jahren drängt ihn sein bester Kumpel vielleicht dazu, sich endlich auch eine Frau zu suchen, während Jesus weiß, dass er aufgrund seines Auftrags immer Single bleiben wird. Ganz sicher fühlt er Anfang dreißig die spöttischen Blicke auf sich, die die anderen Bewohner aus Nazareth ihm zuwerfen, weil sie ihn für einen frommen Spinner halten. Und vermutlich ist er enttäuscht und traurig, als er sich drei Jahre später in der schwierigsten Zeit seines Lebens den Beistand seiner Freunde wünscht und von ihnen im Stich gelassen wird.

Wenn es in der Bibel heißt, dass Gott Mensch wird, dann ist damit nicht gemeint, dass Gott nur so tut als ob. Dass er zwar wie ein Homo sapiens aussieht, innerlich aber immer Gott bleibt, dem nichts und niemand etwas anhaben kann. Nein, Gott macht sich mit diesem Schritt genauso verletzlich, angreifbar und abhängig, wie jeder von uns es auch ist. Vielleicht vergessen wir das zu oft, wenn wir in einem Krippenspiel eine strahlende Maria mit einer sauberen Babypuppe sehen, während Maria in Wirklichkeit verschwitzt und müde war und Josef Jesus erst einmal die Käseschmiere abwaschen musste, mit der jedes Kind auf die Welt kommt.

Das Verrückte ist, dass Jesus trotz all dieser Menschlichkeit gleichzeitig auch Gott ist und sich dessen bewusst ist.[19]

Frage mich bitte nicht, wie das zusammengeht. Generationen von Theologen haben sich darüber den Kopf zerbrochen und versucht, Worte dafür zu finden.[20] Die Menschwerdung Gottes bleibt für uns ein Geheimnis. Das ist aber auch nicht verwunderlich, wenn man sich überlegt, dass Gott selbst in dieser Geschichte der Handelnde ist.

Vielleicht lässt sich die Doppelrolle von Jesus an dieser Stelle zum besseren Verständnis mit der doppelten Identität von Clark Kent vergleichen. Als Superman wird Clark bewundert, kann die Welt retten, bleibt aber immer auch ein Stück unnahbar. Er hat mit dem Alltag der Menschen nichts zu tun, solange alles gut geht. In seiner Identität als Zeitungsreporter ist Clark wiederum eine ganz normale Person, von der aber keiner in Metropolis die Lösung aller Probleme erwartet.

Viele Menschen zur Zeit Jesu haben sich ihm gegenüber ähnlich verhalten. Gott fanden sie großartig – aber auch gewissermaßen unnahbar und unbegreiflich. Jesus fanden sie sympathisch und klug, aber mehr dann oft auch nicht. In den Momenten, in denen Jesus angedeutet hat, dass er Gott ist, hat er sich viele Sympathien verscherzt. Wie gut, dass wenigstens seine Freunde nach und nach begriffen haben, wer er wirklich ist: Gott.

Aber auch Lois steckt, wenngleich unbewusst, in der Serie zunächst in einem Dilemma. Weil sie nicht weiß, dass der Reporter und der Superheld ein und dieselbe Person sind, legt sie den beiden gegenüber ein ziemlich unterschiedliches Verhalten an den Tag. Auf den Reporter Clark reagiert sie anfänglich oft patzig oder schnippisch, ein Verhalten, das sie sich bei Superman nicht erlaubt. Später findet sie ihren Arbeitskollegen dann zwar ganz nett, aber für Superman schwärmt sie immer noch. Ob wir uns Jesus gegenüber nicht manchmal ähnlich verhalten?

Ich ertappe mich zumindest dabei, dass ich Jesus irgendwie *niedriger* sehe als Gott selbst. Hat Letzterer nicht doch eine höhere Achtung verdient? Sind Gottes Worte nicht gewichtiger? Ist Jesus nicht eher so was wie ein guter Kumpel, mit dem man auch mal verhandeln kann und der einen schon verstehen wird, wenn man mal nicht so gut drauf ist? Gott gegenüber verhalte ich mich nicht so. Ob es gut ist, wenn ich es bei Jesus tue?

Natürlich will Jesus unser Freund sein. Das hat er selbst gesagt.[21] Und natürlich ist er als Mensch nahbarer als ein Gott, der für unser Denken irgendwie doch eher abstrakt bleibt. Aber vielleicht ist es trotzdem gut, wenn wir uns immer wieder bewusst machen, dass wir es mit Jesus auch mit dem Schöpfer dieses Universums zu tun haben.

Ich glaube, gerade wenn wir Jesus als kleines, harmloses Baby in der Krippe vor uns sehen und seine Geburt feiern, lohnt es sich, daran zu denken, dass es Gott selbst ist, der sich hier ganz klein gemacht hat.

★

„Obwohl Christus Gott war, bestand er nicht auf seinen göttlichen Rechten. Er verzichtete auf alles; er nahm die niedrige Stellung eines Dieners an und wurde als Mensch geboren und als solcher erkannt. Er erniedrigte sich selbst und war gehorsam bis zum Tod, indem er wie ein Verbrecher am Kreuz starb. Deshalb hat Gott ihn in den Himmel gehoben und ihm einen Namen gegeben, der höher ist als alle anderen Namen. Vor diesem Namen sollen sich die Knie aller beugen, die im Himmel und auf der Erde und unter der Erde sind. Und zur Ehre Gottes, des Vaters, werden alle bekennen, dass Jesus Christus Herr ist." (Philipper 2,6–11; NL)

★

Der englische Liederdichter Graham Kendrick hat mit seinem Lied „The Servant King" wunderschöne Worte für die Menschwerdung Gottes gefunden:[22]

Hilfloses Baby, du kamst vom Himmel herab und hast unsere Erde betreten, deine Herrlichkeit war dabei verschleiert. Du bist nicht gekommen, um bedient zu werden, sondern um zu dienen und um dein Leben zu geben, damit wir leben mögen. Das ist unser Gott, der dienende König. Er ruft uns dazu auf, ihm zu folgen. Er ruft uns dazu auf, ihm unser Leben als ein tägliches Dankopfer zu bringen.

Gott als dienender König – das ist ein Gedanke, der so überhaupt nicht in unsere menschlichen Denkmuster passt. Kannst du in Jesus in der Krippe die Gestalt dieses dienenden Königs entdecken? Was löst dieser Gedanke bei dir aus?

The Servant King – Graham Kendrick –
Lyric Video with moving images

13

Advent ist Wartezeit

Es ist Montagmorgen, Homeoffice-Tag. Ich stelle meine Tasse Tee auf dem Schreibtisch ab und starte den Rechner. Während er hochfährt, putze ich mir noch schnell die Zähne. Als ich zurückkomme, rödelt der PC immer noch. Da werden wohl einige Updates installiert. Also gut, lüfte ich eben noch kurz das obere Stockwerk. Dieses Mal macht der Laptop gerade einen Neustart, als ich zurück ins Büro komme.

„Nun mach schon", brumme ich genervt und nehme einen Schluck Tee, der inzwischen nur noch lauwarm ist (was ich gar nicht mag). Kurze Zeit später kann ich dann endlich anfangen zu arbeiten. Zehn Minuten hat die ganze Aktion gedauert. Eigentlich ist das nicht viel Zeit für eine wichtige

Sache. Ich möchte schließlich nicht irgendwann eine Schad-software auf meinem Rechner haben. Aber wenn man in Eile ist oder endlich loslegen will, dann nervt es.[23]

Aber es soll hier ja nicht um Technik gehen, sondern um Weihnachten und um meine Beziehung zu Gott. Und da habe ich das gleiche Problem. Gott handelt für mein an Instant-verhältnisse gewöhntes Zeitgefühl oft viel zu langsam. Also wirklich vieeeeeeel zu langsam! Wie lange bete ich schon für manche Menschen, dass sie Gott kennenlernen, und es pas-siert – nichts. Manchmal gibt es einen kleinen Hoffnungs-schimmer wie etwa ein gutes Gespräch über den Glauben. Aber danach ist wieder alles beim Alten.

Ich muss gestehen, dass ich Gott an dieser Stelle nicht ver-stehe. Er könnte doch so oft so viel schneller und sichtbarer in unser Leben eingreifen, gerade auch, wenn Menschen in Not sind. Er tut es aber nicht. Stattdessen lässt er uns oft warten, und zwar von Anfang an.

Als Adam und Eva aus dem Paradies vertrieben werden, gehen sie mit der Zusage, dass Gott ihnen eines Tages einen Retter schicken wird.[24] Als Eva dann bald darauf ihr erstes Kind bekommt, ruft sie aus: „Mit der Hilfe des Herrn habe ich einen Mann geboren."

Der Bibelausleger James Montgomery Boice weist darauf hin, dass Eva damit nicht einfach nur freudestrahlend los-werden will, dass sie einen besonders tollen Sohn geboren hat. Laut Boice drückt ihr Ausruf eher aus, dass sie davon ausgeht, dass mit Kain der erwartete Retter bereits geboren wurde.[25] Eva dachte allem Anschein nach, dass Gott das

Problem ziemlich schnell lösen würde, weshalb Adam und sie aus dem Paradies geworfen worden waren.

Wir haben heute das gesamte Alte Testament vor uns liegen und wissen, dass Eva sich getäuscht hat. Um im Bild des Computers zu bleiben: Gott hat zwar Update auf Update installiert und immer konkretere Aussagen über das Kommen des Messias gemacht, aber bis zum endgültigen Neustart – der Geburt von Jesus – vergingen noch Jahrtausende.[26]

Wenn Wikipedia recht hat, dann spiegelt das Wort *adventus*, von dem sich unser Begriff Advent ableitet, diesen Neustart wider. Denn mit diesem Wort soll im Römischen Reich die Ankunft oder der „Besuch eines Amtsträgers, insbesondere die Ankunft von Königen oder Kaisern" bezeichnet worden sein. Wikipedia führt dann weiter aus, dass „die Christen [dieses Wort übernahmen], um ihre Beziehung zu Jesus Christus zum Ausdruck zu bringen; in der Vulgata [der lateinischen Bibel] ist *adventus* der klassische Ausdruck für seine Menschwerdung wie auch für seine Wiederkunft am Ende".[27]

Im Advent geht es also darum, dass wir uns zum einen daran erinnern, dass Jesus zur Erde gekommen ist. Gleichzeitig ist es aber auch eine Zeit, die uns bewusst machen soll, dass wir immer noch Wartende sind. Christen glauben daran, dass Jesus noch einmal sichtbar auf diese Welt kommt, um sie zu richten und endgültig zu erlösen.

Die ersten Christen sind davon ausgegangen, dass Jesus innerhalb der nächsten Jahrzehnte wiederkommen würde. Aber Gott ließ sie warten. Einige Zyniker haben schon damals daraus den Schluss gezogen, dass die Gläubigen sich in ihrer Annahme wohl getäuscht haben müssen, und dass dieses zweite Kommen von Jesus nie passieren wird. Aus unserer Perspektive sind seitdem mehr als 2.000 Jahre vergangen und wir warten immer noch. So wie ich auch immer noch darauf warte, dass Gott im Leben meiner Freunde und Bekannten eingreift.

Das stellt mich vor die Frage, ob ich bereit bin, das Warten auf Gottes Handeln neu zu lernen. Der Advent bietet mir die Gelegenheit dazu. Er hilft mir, mir neu bewusst zu machen, dass es unzertrennlich zu meinem Leben als Christ dazugehört, dass ich eine Wartende bin. Gott nimmt keine Abkürzungen. Er strickt die Geschichte dieser Welt oder unsere persönliche Geschichte nicht mit heißer Nadel. Wenn er ein gigantisches Universum ins Leben ruft, nur damit ein kleiner Planet namens Erde für einen verhältnismäßig kurzen Zeitraum ein wohnlicher Ort für ein paar Menschen werden kann, dann scheint er grundsätzlich eine andere Vorstellung von Zeit und Raum zu haben als wir.

Allerdings ist Gott kein Gott, der in der Wartezeit Däumchen dreht. Er wirkt, er handelt, er erhält. Er spielt die notwendigen Updates ein, damit das System nicht veraltet, sondern weiterhin funktioniert.[28] Und: Gott wartet selbst auch. Er wartet auf uns. Er wartet darauf, dass wir uns auf ein Leben mit ihm einlassen und anfangen so zu leben, wie er es von uns möchte. Auch daran will uns der Advent erinnern.

★

Weihnachtslicht Nr. 13

„Gott hat uns einen neuen Himmel und eine neue Erde versprochen. Dort wird es kein Unrecht mehr geben, weil Gottes Wille regiert. Auf diese neue Welt warten wir." (2. Petrus 3,13; GN)

Weihnachtstürchen Nr. 13

Ich denke gerne an das erste Kommen von Jesus an Weihnachten. Den Gedanken an seine zweite Wiederkunft schiebe ich aber lieber von mir weg, auch im Advent. Klingt das nicht alles ein bisschen zu seltsam und in einem gewissen Sinn auch unheimlich? Von mir aus darf alles gerne einfach so weitergehen, so schlecht lebt es sich ja doch nicht hier auf Erden. Ob ich das auch sagen würde, wenn ich einen schweren Schicksalsschlag oder einen Krieg erlebt hätte oder wenn ich aufgrund meiner Überzeugungen mit Diskriminierung oder Schlimmerem rechnen müsste?

REAL LIFE (O'Bros) – Song für Philipp Mickenbecker †

14

Gott ganz nah

Ich finde es immer wieder erstaunlich, wie unterschiedlich Menschen ihren Urlaub verbringen. Was für den einen genau richtig ist, jagt dem anderen einen Schauer über den Rücken. Ich würde zum Beispiel nicht mehr unbedingt freiwillig zelten gehen. Als Jugendliche und junge Erwachsene nahm ich mehrere Male mit der Jugendgruppe meiner Gemeinde an Freizeiten oder Großveranstaltungen teil, bei denen gezeltet wurde. Mit der Isomatte auf dem harten Boden zu schlafen, in einem Schlafsack zu liegen, der sich um meine Füße verheddert, und ein Zelt als Zuflucht zu haben, bei dem man bei Regen darauf achten muss, dass man nicht den ganzen Matsch reinschleppt – das muss nicht sein!

Vielleicht fragst du dich, warum ich in einem Weihnachts-buch auf das Thema Zelten zu sprechen komme. Weil – und das dürfte alle Campingfans freuen – Gott an Weihnachten bildlich gesprochen sein Zelt auf dieser Erde aufschlägt. Bereits im Alten Testament hatte er seine Vorliebe für diese Art von Behausung. Die Stiftshütte war der Ort der Begegnung mit Gott, bevor der Tempel in Jerusalem gebaut wurde. Sie wird interessanterweise mit einem Wort bezeichnet, das mit „Zelt" übersetzt werden kann.[29] Die Schreiber hatten dabei wahrscheinlich ein Nomadenzelt vor Augen und kein High-tech-Zelt, wie wir es heute kennen.

Das ist ein spannender Gedankengang: Die Stiftshütte war kunstvoll und mit wertvollen, teilweise schweren Materialien hergestellt worden.[30] Aber sie war auch ein Ort der Gottesbegegnung, den das Volk Israel bei seiner Wanderung durch die Wüste unkompliziert mitnehmen konnte. Wenn das Volk Rast machte und seine eigenen Zelte aufschlug, dann wurde auch die Stiftshütte in der Mitte des riesigen Lagers aufgeschlagen.

Was für ein schönes, plastisches Bild: Gott geht mit. Er begleitet sein Volk, wenn es unterwegs ist, und wenn es nicht reist, wohnt er in seinem Lager. Vielleicht hatte der Evangelist Johannes dieses Bild von der Stiftshütte vor Augen, als er folgenden Text über Jesus geschrieben hat: „Das Wort wurde Mensch und lebte unter uns. Wir selbst haben seine göttliche Herrlichkeit gesehen, eine Herrlichkeit, wie sie Gott nur seinem einzigen Sohn gibt. In ihm sind Gottes Gnade und Wahrheit zu uns gekommen."[31] Im griechischen

Grundtext steht hier wörtlich, dass Jesus unter uns „zeltete". Wenn Jesus an Weihnachten in die Welt kommt, dann schlägt Gott sein Zelt in unserer Mitte auf.

Das lässt uns tief in Gottes Herz blicken. Er bleibt dieser Erde nicht fern und rettet sie aus der Distanz seiner heilen himmlischen Welt. Gott kommt, um unser Leben mit uns zu teilen, indem er den Campingplatz Erde besucht. Wir können ihm beim Frühstücken zuschauen, wir treffen ihn auf dem Weg zu den Waschanlagen, wir riechen, was es bei ihm zu essen gibt, und abends sitzen wir alle um dasselbe Lagerfeuer und reden über Gott und die Welt.

Fred Sanders, ein amerikanischer Theologieprofessor, beschreibt diese außergewöhnliche Nähe Gottes zu uns Menschen mit den folgenden Worten: „Der Sohn Gottes hat die Natur angenommen, die jeder Mensch hat. [...] Die Menschheit selbst ist das Ziel von Gottes erlösender Liebe. Wenn der Sohn Gottes wirklich und ganz Mensch geworden ist, dann investiert und reinvestiert Gott in das Projekt Mensch. Es sind andere Wege denkbar, wie Gott Einzelne aus der gefallenen menschlichen Rasse hätte herausziehen können. Aber als Gott, der Vater, seine Rettungsaktion gestartet hat, indem er seinen Sohn in unsere Mitte geschickt hat, da hat er einen Weg gewählt, der auf einem engen Kontakt zwischen ihm und uns basiert. Er hat damit auch versichert und bekräftigt, dass die Menschheit eine gute Idee ist – trotz ihrer Sünde und Entfremdung von ihm."[32] Gott kommt zu uns Menschen. Er will uns nahe sein und uns retten. Das ist eine unglaubliche Botschaft!

Wir haben den Glauben an die Menschheit vielleicht schon aufgegeben oder denken, dass sich die menschliche Rasse am Ende noch selbst zerstören wird. Manche gehen sogar so weit zu überlegen, ob es für die Erde nicht besser gewesen wäre, hätte es den Menschen nie gegeben. Gott teilt diese Sichtweise nicht. Er ist mit Sicherheit nicht begeistert über viele Dinge, die wir machen. Manches davon verurteilt er scharf, vieles wird er richten müssen. Aber er wird, wie Sanders es schreibt, das Projekt Mensch nie grundsätzlich infrage stellen. Er entzieht uns nicht unsere Würde oder überlässt unseren Planeten einfach seinem Schicksal. Dazu liebt er uns zu sehr.

Das Beste dabei ist: Als Jesus das erste Mal auf diese Welt gekommen ist, hat er im Grunde nur vorübergehend bei uns gewohnt. Nach seiner Auferstehung ist er in Gottes Gegenwart zurückgekehrt. In der Offenbarung, im letzten Buch der Bibel, wird aber beschrieben, dass Gott einmal dauerhaft unter uns Menschen wohnen wird. Und nun rate einmal, welches Wort dort dafür gebraucht wird. Genau: Gott wird auf der neuen Erde, die er schaffen wird, sozusagen zum Dauercamper in unserer Mitte[33].

Er schottet sich im Himmel nicht in einem Palast ab und winkt uns an hohen Feiertagen vom Balkon zu oder nimmt ab und zu ein Bad in der Menge. Nein, er zeltet unter uns. Gott ist uns ganz nahe gekommen und wird später einmal wieder ganz nahe bei uns sein. Auch an diese geniale Botschaft will uns Weihnachten erinnern.

★

Weihnachtslicht Nr. 14

„Das Wort wurde Mensch und lebte unter uns. Wir selbst haben seine göttliche Herrlichkeit gesehen, eine Herrlichkeit, wie sie Gott nur seinem einzigen Sohn gibt. In ihm sind Gottes Gnade und Wahrheit zu uns gekommen." (Johannes 1,14; Hfa)

Weihnachtstürchen Nr. 14

Das Wissen, dass Gott diese Welt nicht aufgibt, ist gerade angesichts einer ungewissen Zukunft tröstlich. Gottes Nähe und sein Ja zu dieser Welt ermutigen uns dazu, trotz gefühlter Weltuntergangsstimmung unsere Apfelbäumchen der Hoffnung zu pflanzen. Ein solches Apfelbäumchen heißt Gebet. Besonders die gerade heranwachsende Generation braucht unser Gebet, damit sie in der Klimakrise und inmitten der großen technischen, sozialen und ethischen Herausforderungen Gottes Nähe und seine Führung erlebt und den Mut nicht verliert. Darf ich dich heute dazu herausfordern, einmal ganz bewusst für die jungen Menschen zu beten?

Kris Madarasz   Gott macht sich zu uns auf (live)

15

Gottes Geschenk an uns

Ich muss ein bisschen schmunzeln, wenn ich daran denke, wie wir als Familie die Weihnachtsfeiertage der vergangenen Jahre verbracht haben. Denn auf dem Wunschzettel unserer beiden Jungs standen jeweils mehrere Packungen der kleinen, bunten Plastiksteine, die sich zu allem Möglichen zusammensetzen lassen. So kam es, dass vor allem mein Mann damit beschäftigt war, mit den beiden an den Feiertagen Autos, Krankenhäuser, Polizeistationen oder irgendwelche fantasievolle Robotertiere zusammenzubauen.

Wenn ich in den WhatsApp-Status meiner Bekannten sehe, dann geht es anderen Eltern da wohl ähnlich. In einem gewissen Alter scheint das Zusammenbauen dieser Sets an

Weihnachten einfach Eltern-, Großeltern- oder Patenschicksal zu sein. Vergangene Weihnachten haben unsere Söhne das allerdings schon fast alleine geschafft. Wir mussten nur bei besonders komplizierten Bauschritten manchmal noch helfend oder korrigierend zur Seite stehen oder Steine suchen, die im Eifer des Gefechts unters Sofa gefallen waren.

Wie ist das eigentlich bei dem Geschenk, das Gott uns an Weihnachten macht? Gott legt uns an Weihnachten das Kostbarste in die Hände, was er hat. Er schenkt uns seinen Sohn. Jesus selbst drückt das einmal so aus: „Denn Gott hat die Welt so sehr geliebt, dass er seinen einzigen Sohn hingab, damit jeder, der an ihn glaubt, nicht verloren geht, sondern das ewige Leben hat."[34]

Brauchen wir da beim Auspacken oder „Zusammenbauen" möglicherweise auch Hilfe? Denn: Was hat die Geschichte von Jesus mit unserem Alltag zu tun? Was bedeutet es, an Jesus zu glauben?

Nikodemus, ein studierter Theologe und Zeitgenosse Jesu, hat sich eine ähnliche Frage gestellt. Er kommt eines Nachts zu Jesus und sucht bei ihm ein Gespräch über den Glauben. Er spürt, dass er von Jesus mehr über Gott und ein Leben mit ihm lernen kann als sonst irgendwo. Aber gleichzeitig weiß der studierte Mann nicht genau, wie er seine Fragen in Worte packen soll, und so fängt er erst einmal weitläufig an, Jesus Komplimente zu machen.

Die Reaktion von Jesus ist verblüffend. Umgangssprachlich würden wir heute sagen, dass er Nikodemus eine theologische Aussage vor den Latz knallt, die dieser überhaupt nicht einordnen kann. Jesus spricht davon, dass ein Mensch neu geboren werden muss, um in Gottes neue Welt hineinzukommen. Nikodemus versteht nur Bahnhof, weil er diese Aussage wortwörtlich nimmt. Jesus versucht es ihm anschließend zu erklären, aber wenn man die Unterhaltung der beiden weiterverfolgt, entsteht der Eindruck, dass Nikodemus immer weniger begreift, worauf Jesus eigentlich hinauswill.

Ich glaube, das ist typisch, wenn wir – im übertragenen Sinn – Gottes Geschenk an uns auspacken möchten. Die Sache mit Jesus kann ganz schön verwirrend und herausfordernd sein. Egal, ob man gerade erst anfängt, sich mit ihm zu beschäftigen, oder das schon jahrelang tut: Jesus hat das Potenzial, einen immer wieder an den Punkt zu bringen, wo man ihn und seine Aussagen nicht so richtig versteht. Die Frage ist, wie geht man damit um? Lässt man Jesus links liegen, weil die Sache mit ihm zu kompliziert ist, oder versucht man es doch noch mal?

Nikodemus lässt sich nicht so schnell entmutigen. Obwohl er vermutlich mit mehr Fragen als Antworten Jesus wieder verlassen hat, hat er nicht aufgegeben. Stattdessen hat er Jesus einfach weiter beobachtet. Er hat ihm zugehört, wenn er mit den Menschen über Gott gesprochen hat. Vielleicht hat er einige der Wunder miterlebt, die Jesus getan hat. Als seine Mittheologen schlecht über Jesus reden, hat Nikodemus den Mut, ihn zu verteidigen. Als Jesus schließlich gekreuzigt wird, ist es Nikodemus, der dafür sorgt, dass Jesus ordentlich begraben wird und nicht in einem Massengrab für Verbrecher verscharrt wird.

Schritt für Schritt bewegt sich Nikodemus also immer mehr auf Jesus zu und erkennt dabei, wer er ist. Er bleibt in seiner Nähe, auch wenn er lange nicht alles versteht, was sich vor seinen Augen abspielt. Und mit der Zeit begreift Nikodemus, dass es beim Glauben darauf ankommt, Jesus zu vertrauen. Das ist genau das, was Jesus ihm schon im allerersten Gespräch gesagt hatte. Was damals für Nikodemus zu abstrakt geklungen hatte, füllt sich nun mit Leben.

Wenn wir Gottes Geschenk an uns annehmen möchten, können wir uns am Verhalten von Nikodemus orientieren. Wir können zwar nicht wie er sichtbar mit Jesus sprechen oder sein Leben in Echtzeit beobachten, aber wir können lesen, was in der Bibel über Jesus geschrieben steht. Wir können mit Jesus reden und ihm im Gebet unsere Fragen stellen. Wir können darauf vertrauen lernen, dass Jesus es gut mit uns meint und für uns sorgt. Wir können Jesus unsere Schuld bringen und erleben, dass er sie vergibt. Und wir können anfangen, die Worte von Jesus als Maßstab für unser Leben zu akzeptieren. All das sind kleine Schritte des Glaubens.

Das Schöne ist: Wer diese Schritte geht, geht sie nicht allein. Jesus ist bei allen Etappen dieses Weges dabei. Er ist letztlich auch derjenige, der den entscheidenden Schritt in diesem Prozess anstößt: Er schenkt jedem, der an ihn glaubt, das Vorrecht, Gottes Kind zu werden. Das hat Jesus in diesem allerersten Gespräch mit Nikodemus ebenfalls gesagt. Er hat diese einschneidende Veränderung mit einer Geburt verglichen.

Wenn ein Mensch anfängt, an Jesus zu glauben, dann erblickt ein neuer Mensch das Licht der Welt. Denn Gott flickt nicht hier und da ein bisschen an uns herum, um uns zu besseren Menschen zu machen. Er schenkt uns einen kompletten Neustart. Das alles ist in dem Geschenk enthalten, das Gott uns mit Weihnachten überreicht. Letztlich ist es nicht weniger als eine Adoptionsurkunde. Mit ihr werden wir von geliebten, aber von Gott getrennten Geschöpfen zu seinen Kindern, die ungehindert Zugang zu ihrem himmlischen Vater haben. Weihnachten lädt uns jedes Jahr wieder neu dazu ein, dieses Geschenk auszupacken und es nicht hübsch verpackt unterm Baum liegen zu lassen.

Weihnachtslicht Nr. 15

„Aber allen, die Jesus aufnahmen und ihm Glauben schenkten, verlieh er das Recht, Kinder Gottes zu werden."
(Johannesevangelium 1,12; GN)

Ich habe in einer Weihnachtsgeschichte für Kinder den schönen Gedanken gefunden, dass wir an Weihnachten Gott ebenfalls ein Geschenk machen können.[35] Die Kinder in der Geschichte basteln dafür Herzen und schreiben darauf, was Jesus ihnen bedeutet oder wofür sie ihm Danke sagen möchten. Diese Herzen legen sie am Schluss unter den Weihnachtsbaum. Vielleicht möchtest du das auch ausprobieren.

Wenn du schon an Jesus glaubst und dein Leben mit ihm lebst, kannst du deinen Dank und deine Liebe für ihn auf dem Herz zum Ausdruck bringen. Wenn du noch unschlüssig bist und den Glauben betreffend Zweifel oder Fragen hast, kannst du sie ebenfalls auf solche Herzen schreiben. Jesus nimmt sowohl unsere Liebe als auch unsere aufrichtigen Zweifel, Klagen und Fragen gerne als Geschenk an und verwandelt sie in Schritte des Glaubens.

Paul Gerhardt – „Ich steh an deiner Krippen hier" (1653), vorgetragen von Rainer Unglaub

16
Wenn Gott uns in die Stille schickt

Stille ist etwas Kostbares, vielleicht empfindest du das auch so. Bewusst oder unbewusst bin ich immer auf der Suche nach ihr. Wo finde ich sie und wo ist es nur dem ersten Anschein nach wirklich still? Unsere erste Wohnung als Ehepaar lag Luftlinie zwischen einer Autobahn und einer Schnellstraße. Je nach Windrichtung war der jeweilige Verkehrslärm sehr deutlich zu hören. Für mich war es aus diesem Grund schwer, in unserer ansonsten hübschen Drei-Zimmer-Wohnung abzuschalten und wirklich zu entspannen.

Unser Haus heute liegt Gott sei Dank ruhiger. Aber auch hier höre ich in warmen Sommernächten den Verkehr der Durchgangsstraße und die Motorräder, die auf der Landstraße röhrend Gas geben, sobald sie den Ort hinter sich gelassen haben. Dagegen ist einer der stillsten Orte, die ich kenne, das Dorf, in dem ich aufgewachsen bin. Bis heute liege ich bei einem Besuch dort abends staunend wach, weil ich wirklich nichts höre. Vereinzelt ein Auto oder den Glockenschlag der Turmuhr, aber danach herrscht wieder vollkommene Stille.

In diesen Momenten wünschte ich, ich könnte in diese Ruhe eintauchen und ein Teil davon werden. Ich kann der Definition von Duden online jedenfalls aus ganzem Herzen zustimmen, die Stille als einen „durch kein lärmendes, unangenehmes Geräusch gestörten [wohltuenden] Zustand"[36] definiert.

Ich weiß aber auch, dass Stille belastend sein kann. Etwa dann, wenn einen nach der Arbeit eine leere, kalte Wohnung begrüßt, wenn zwei Menschen nicht mehr wissen, worüber sie miteinander sprechen können, oder wenn Gott schweigt. Zacharias, ein Mann aus der Weihnachtsgeschichte, hat neun Monate lang auf unfreiwillige Weise erlebt, wie es ist, wenn man plötzlich nicht mehr sprechen kann. Ähnlich wie Maria hat ein Engel ihm gesagt, dass er und seine Frau ein Kind bekommen würden. Zacharias äußerte seinen Unglauben an dieser Ankündigung, weil das Ehepaar schon ziemlich alt war. Und der Engel verordnete ihm daraufhin eine Schweigekur, die bis zur Geburt des Kindes dauern sollte.

Wie es Zacharias wohl in den darauffolgenden Tagen ergangen ist? Immer wieder hat er zum Reden angesetzt und immer wieder kam nichts aus seinem Mund heraus. Mit seiner Frau Elisabeth konnte er sich von jetzt auf gleich nicht mehr unterhalten – und das gerade in einem Moment, in dem er ihr so viel zu erzählen gehabt hätte. Die beiden müssen ihre Ehe und ihre Liebe auf einmal ohne Worte gestalten.

Ich kann mir gut vorstellen, dass Zacharias anfangs mit diesem Schicksal und auch mit Gott gehadert hat. War es denn wirklich nötig, dass er wegen seines Unglaubens seine Sprache verlieren musste? Spätestens ab dem Moment, in dem Elisabeths Schwangerschaft offensichtlich geworden war, wären doch alle Zweifel sowieso wie weggewischt gewesen. Aber Gott schickt Zacharias in die innere Stille. Und Elisabeth schließt sich interessanterweise ihrem Mann bei seinem Exil in der Abgeschiedenheit ein Stück weit an. Der Bibeltext in Lukas 1 beschreibt, dass sie sich für etwa fünf Monate ebenfalls von allen Menschen zurückzog.

Ich würde die beiden gerne fragen, was ihnen in dieser Zeit durch den Kopf gegangen ist. Vermutlich haben sie viel gebetet (das kann man zum Glück auch lautlos) und Gott ihre Fragen gestellt. Zum Beispiel, warum gerade sie nach langer Kinderlosigkeit doch noch ein Kind bekommen. Noch dazu eines, das seine Zeitgenossen auf die Botschaft des Messias vorbereiten soll. Wäre nicht jemand Jüngeres besser für diese Aufgabe geeignet gewesen? Fragen über Fragen zu dieser ungewöhnlichen Schwangerschaft.

Ich stelle mir aber auch vor, dass die beiden sich über Elisabeths zunehmend dicker werdenden Bauch immer wieder staunend angesehen haben. Wie Zacharias seine Frau voller Glück beobachtet hat, wenn sie Kleidung für den kleinen Jungen genäht hat, der bald ihr Leben bestimmen würde. Wie Elisabeth ihrem Mann sanft über den stummen Mund gestrichen hat, dankbar für das Wunder, das sie gemeinsam erleben dürfen. Ich vermute, dass es in einem solchen Augenblick war, dass Zacharias sein Schweigen nicht mehr als Belastung, sondern als Geschenk empfunden hat.

Hätte er die neun Monate der Schwangerschaft so intensiv erleben können, wenn alles ganz normal gewesen wäre? Wäre er Gott in seinen Fragen und Zweifeln so nahegekommen, wenn er von dem üblichen Alltagsgeplänkel abgelenkt gewesen wäre? So wird die Zeit der Schwangerschaft für das alte Ehepaar trotz der ungewohnten Stille wohl zu einer der innerlich reichsten Zeiten ihres Lebens geworden sein. Kein Wunder, dass Zacharias erst einmal seiner Begeisterung über Gott Luft machen musste, als er nach der Geburt des kleinen Johannes endlich wieder reden konnte. Er konnte aus dem Vollen schöpfen, denn seine Seele war angefüllt mit guten Gedanken.

Die Geschichte vom stummen Zacharias und der zurückgezogenen Elisabeth ist sperrig für unsere Zeit. Wer heute wahrgenommen werden will, muss überzeugt und ruhig auch ein bisschen laut auftreten. Wer still und bedächtig agiert, wird übersehen und überhört. Zacharias' ungewollte Berufung zur Stille macht mir aber klar, dass ich der Hektik und dem Verlangen unserer Zeit nach Schnelligkeit, Effizienz und Lautstärke nicht nachgeben darf, wenn ich für mich selbst ein Leben suche, das innerlich reich und beständig ist. Wenn ich Gott begegnen will, wenn ich von einer oberflächlichen zu einer tieferen Beziehung zu ihm kommen will, dann muss ich immer wieder auch die Stille wählen.

Der schwedische Pastor und Autor Tomas Sjödin schreibt in seinem Buch *Warum Ruhe unsere Rettung ist*: „Die Ruhe ist kein Schritt zurück, auch kein Anhängsel. Sie ist kein Zwischenstopp zwischen wichtigen Aufgaben, kein frommer Bonus-Gedanke. Sie ist geschaffen worden und deshalb Teil unserer Aufgabe, als Mensch zu leben. Wer ruht, nimmt seine Lebensaufgabe ernst. Wer die Ruhe unterschätzt, nimmt sie zu leicht."[37]

Weihnachtslicht Nr. 16

„Wenn du betest, geh an einen Ort, wo du allein bist, schließ die Tür hinter dir und bete in der Stille zu deinem Vater. Dann wird dich dein Vater, der alle Geheimnisse kennt, belohnen." (Matthäus 6,6; NL)

Weihnachtstürchen Nr. 16

Der Sonntag ist ein Geschenk Gottes an den Menschen, damit er zur Ruhe finden kann. Leider sind die Adventssonntage oft mit Weihnachtsfeiern oder Ähnlichem belegt. Für mich ist die Zeit zwischen den Jahren deswegen eine gute Möglichkeit geworden, es einmal bewusst ruhiger anzugehen. Zwischen dem 27. und dem 30. Dezember gibt es meist nur wenige Termine und auch die Hektik der Vorweihnachtszeit ist vorbei. Wäre das auch für dich eine Möglichkeit, ein bisschen Ruhe in dein Leben zu bringen? Welche Möglichkeiten hättest du noch, um in der Weihnachtszeit einmal bewusst einen Gang runterzuschalten und innerlich zur Ruhe zu kommen? Was bräuchte es an äußeren Maßnahmen dafür, dass das gelingt: ein einfaches Essen planen, weniger Verabredungen treffen, nur drei statt fünf Plätzchensorten backen, Handy stundenweise auf Flugmodus schalten, geschäftliche Termine nach Möglichkeit ins neue Jahr schieben?

Du kennst dein eigenes Leben selbst am besten und weißt, wo für dich eine Stille-Oase sein könnte. Ich wünsche dir, dass es dir gelingt, auch in der hektischen Vorweihnachtszeit Gott zu begegnen.

Martin Pepper – „Stille und Vertrauen" | Lyric-Video

17

Weihnachten heißt, ein Zuhause finden

Fast jeden Sonntag nach dem Gottesdienst wiederholt sich folgendes Szenario: Meine beiden Kinder stürmen auf mich zu und drücken mir in die Hand, was sie im Kindergottesdienst gemalt oder gebastelt haben. Dann flitzen sie wieder weg, um mit ihren Freunden noch eine Runde zu spielen. Fast jeden Sonntag ist auch ein Blatt mit dem sogenannten Lernvers dabei. Das ist ein Bibelvers, den die Kinder im Laufe der Woche auswendig lernen sollen. Ich muss leider gestehen, dass dieser Zettel im Laufe der Woche oft unter einem Stapel

Briefe auf dem Esstisch verschwindet und nicht zum Üben benutzt wird.

Eine Zeit lang habe ich versucht, diesen Missstand zu beheben, indem ich den Merkvers an den Spiegel im Badezimmer geklebt habe. Vielleicht würde er sich so quasi nebenbei beim Zähneputzen einprägen. Nach einer Weile ist dieser Versuch allerdings auch im Sand verlaufen – bis auf einen einzigen Bibelvers. Dieser hängt jetzt schon seit geraumer Zeit in unserem Badezimmer und hat sämtliche Spritzwasserschäden heil überlebt.

Ich weiß nicht, ob meine Kinder ihn überhaupt noch wahrnehmen oder ihn zwischenzeitlich tatsächlich auswendig können. Aber ich freue mich jedes Mal an diesem Vers, wenn ich ihn bewusst lese. Er lautet: „Es gibt viele Wohnungen im Haus meines Vaters, und ich gehe voraus, um euch einen Platz vorzubereiten."[38]

Jesus präsentiert sich hier als Häuslebauer, der für jeden von uns eine Wohnung in der Ewigkeit bereithält. Er versichert uns, dass es dort genügend Platz für alle geben wird und dass er selbst diesen Ort vorbereitet. Der bereits verstorbene amerikanische Musiker Keith Green hat aus dieser faszinierenden Aussage ein Lied gemacht, bei dem ich oft beim Hören vor Freude eine Gänsehaut bekomme. Green beschreibt in den Strophen des Songs die Schönheit dieser Erde mit ihren Sonnenuntergängen, ihrem Vogelgezwitscher, den grünen Wäldern, den hohen Bergen und den Wüsten.

Im Refrain heißt es dann: „In sechs Tagen hast du alles erschaffen, aber am Himmel arbeitest du seit 2.000 Jahren."

Und in einer Art Intro zu dem Lied sagt er sinngemäß: „Ich weiß, dass Jesus Christus für mich und für einige von euch seit 2000 Jahren dabei ist, ein Zuhause vorzubereiten. Und wenn für die Erschaffung dieser Welt sechs Tage nötig waren und für dieses Zuhause 2000 Jahre nötig sind – hey, man, dann leben wir hier in einem Mülleimer verglichen mit dem, was uns dort erwartet.“[39]

Nun kann man sich sicherlich darüber streiten, ob Jesus zeitlich gesehen tatsächlich so lange für das Bauprojekt „Himmlische Wohnungen" braucht oder ob er in seiner Aussage nur einen bildlichen Vergleich benutzt. Das ist letztlich aber unerheblich. Wichtig ist, dass ein himmlisches Zuhause auf diejenigen wartet, die Jesus Christus nachfolgen. Und das ist zugleich auch eine Kernaussage des christlichen Glaubens, die schon vielen Christen in schwierigen Zeiten Mut gemacht hat: Wir sind auf dem Weg nach Hause. Es geht nicht darum, dieses Leben irgendwie hinter sich zu bringen, um dann im Himmel in Ewigkeit Loblieder für Gott zu singen. Es geht darum, einmal bei Gott *zu Hause* zu sein.

Ich weiß nicht, welche Vorstellungen du von einem Zuhause hast. Vielleicht die eines schwedischen Möbelherstellers, vielleicht eine ganz andere. Möglicherweise hast du auch gar keine Vorstellung von einem solchen Ort, weil du es nie erleben konntest, was ein gemütliches, ein sicheres und ein beständiges Zuhause bedeutet. Ein Ort, von dem man weiß: Ich bin angekommen und völlig angenommen.

Unabhängig davon, ob wir das Glück hatten, in einem solchen Zuhause aufzuwachsen oder nicht, teilen wir doch alle die Sehnsucht danach. Wir wünschen uns einen Ort, an dem wir einfach sein können, ohne uns beweisen zu müssen oder ohne dauernd um etwas kämpfen zu müssen. Einen Ort, an dem wir dazugehören, miteinander lachen, unsere Sorgen teilen und Dinge gemeinsam erleben können.

Ich glaube, dass unsere Sehnsucht nach einem solchen menschlichen Zuhause auf dieser Erde ein Echo unserer Sehnsucht nach einem ewigen Zuhause ist. Wahrscheinlich ist uns das oft nicht bewusst, weil wir zu beschäftigt damit sind, uns unser irdisches Zuhause schön einzurichten. Das ist nicht verkehrt. Womöglich hat Gott selbst diesen Nestbautrieb in uns hineingelegt, damit wir besser erahnen können, was uns eines Tages bei ihm erwartet.

An Weihnachten sorgt Gott nämlich dafür, dass dieser Traum wahr werden kann. Jesus kommt in diese Welt mit all ihrer Unvollkommenheit und macht sie vorübergehend zu seinem Zuhause, damit wir in der Vollkommenheit von Gottes neuer Welt einmal ein dauerhaftes Zuhause haben können. Gottes Plan sieht so viel mehr vor als nur die Vergebung unserer Schuld und die Wiederherstellung von allem, was kaputt und zerstört ist. Er möchte uns letztlich ein Zuhause schenken, das diesen Namen im vollsten Sinn des Wortes verdient. Es wird ein Ort sein, an dem es kein Leid, keine Tränen, keine Angst, keine Schmerzen und nichts Böses mehr geben wird.

Viele Menschen machen sich Jahr für Jahr an Weihnachten auf den Weg, um das Fest gemeinsam mit ihrer Familie zu feiern.[40] Umgekehrt ist es für viele Eltern der

Höhepunkt der Festtage, wenn die erwachsenen Kinder zu Besuch nach Hause kommen. Weihnachten wird so im wörtlichen und im übertragenen Sinn eine Einladung an unsere Seele, uns an unser himmlisches Zuhause zu erinnern und uns auf den Weg dorthin zu machen. Und auch Gott wartet dort mit offenen Armen auf uns. Er hat ein Fest vorbereitet, das unvorstellbar schön sein wird.[41]

★

Weihnachtslicht Nr. 17

„Habt keine Angst. Ihr vertraut auf Gott, nun vertraut auch auf mich! Es gibt viele Wohnungen im Haus meines Vaters, und ich gehe voraus, um euch einen Platz vorzubereiten. Wenn es nicht so wäre, hätte ich es euch dann so gesagt? Wenn dann alles bereit ist, werde ich kommen und euch holen, damit ihr immer bei mir seid, dort, wo ich bin." (Johannes 14,1–3; NL)

Welche Wünsche und Erwartungen verbindest du mit dem Begriff „Zuhause"? Was bedeutet es dir, dass Jesus ein himmlisches Zuhause für dich vorbereitet? Vielleicht fährst du in ein paar Tagen selbst über Weihnachten nach Hause oder öffnest dein Zuhause für ein schönes Fest mit Gästen. Dann danke Gott doch auf der Fahrt oder während der Vorbereitungen dafür, dass er einmal in unserem himmlischen Zuhause der Gastgeber sein wird.

Keith Green – „I Can't Wait To Get To Heaven"

18

Frieden auf Erden

„Imagine Peace" – „Stell dir Frieden vor". Große Leucht-
reklametafeln forderten die Bewohner von London, New
York und Seoul 2022 vor dem Hintergrund des Ukraine-
krieges zu diesem Gedankenspiel auf. Urheberin des Projek-
tes war die Künstlerin Yoko Ono, Witwe des 1980 ermor-
deten Ex-Beatles John Lennon. Den beiden Musikern war
der Einsatz für den weltweiten Frieden ein großes Anliegen. Ihr 1971 erschienener Song „Imagine" gilt bis heute als
Friedenshymne. Lennon besingt darin eine Welt, die frei ist
von Gegensätzen und Konflikten – unter anderem, weil es
keine Länder, keine Grenzen und keine Religionen gibt. Ich
teile Lennons Weltsicht an dieser Stelle nicht, finde seinen

und Yoko Onos Einsatz für den Frieden aber bewundernswert.[42]

Frieden ist auch ein zentrales Thema der Weihnachtsgeschichte und vielleicht mit ein Grund, warum das Fest auch nicht religiöse Menschen berührt. Die klassische Lutherübersetzung aus Lukas 2,14 ist selbst Gelegenheitskirchgängern gut im Ohr: „Ehre sei Gott in der Höhe und Friede auf Erden bei den Menschen seines Wohlgefallens." Friede auf Erden – wie viele Menschen wünschen sich beim Hören dieser Worte ganz ähnlich wie Yoko Ono und John Lennon, dass die Aussage des Engels doch endlich wahr werden möge?

In der Weihnachtsausgabe einer christlichen Zeitschrift stellte eine Autorin die provozierende Frage, ob Christen sich zu wenig für eine friedliche Erde einsetzen, weil sie daran glauben, dass es dauerhaften Frieden nur im Himmel geben wird.[43] Ich bin keine Pazifistin. Ich glaube nicht daran, dass das Böse in dieser Welt immer nur durch gewaltlosen Widerstand überwunden werden kann. Trotzdem hat mich der besagte Text mit seiner Feststellung ins Nachdenken gebracht. Bin ich bereit, mich in meinem persönlichen Umfeld und gegebenenfalls darüber hinaus mit aller Kraft für Frieden einzusetzen?

„Selig sind, die Frieden stiften; denn sie werden Gottes Kinder heißen", so sagt es Jesus in einer seiner berühmtesten Reden. Es müssen ja keine heldenhaften Dinge sein: Ich kann für Politiker und andere Menschen in verantwortlichen Positionen beten. Ich muss mich nicht in das Schwarz-Weiß-Denken hineinziehen lassen, das unsere

Gesellschaft zunehmend zu spalten scheint. Wenn bei uns zu Hause der Haussegen schief hängt, will ich Wege suchen, wie wir Konflikte auf friedliche Art und Weise lösen können. All das sind kleine, persönliche Schritte Richtung Frieden, die ich gehen möchte und die mir mal mehr, mal weniger gut gelingen.

In dem „Weniger gut" liegt meines Erachtens auch das Problem, warum wir uns Frieden zwar vorstellen können, ihn aber im ganz alltäglichen Leben dann doch nicht erreichen. Zu viel trennt uns: zu viele Missverständnisse, zu viel Anspruchsdenken, zu viele verletzte Gefühle und im Gegenzug dazu zu wenig Frieden und Vergebungsbereitschaft, zu wenig selbstlose Liebe im eigenen Herzen.

Hat die Leserbriefschreiberin vielleicht recht, die als Reaktion auf den erwähnten Artikel sinngemäß Folgendes schreibt: „Zu viele von uns Christen haben entschieden, dass Frieden mit politischer Macht und Einfluss zu tun hat, statt auf das zu vertrauen, was Frieden wirklich ist: ein Baby, das unerkannt in die Menschheit hineinschlüpft. Frieden ist eine Person, aber für uns ist es viel greifbarer zu glauben, dass Frieden bestimmten Richtlinien folgt."[44]

„Frieden ist eine Person." Damit ist Jesus gemeint. Wir brauchen den politischen und persönlichen Einsatz für Frieden. Aber noch viel mehr braucht jeder von uns eine persönliche Begegnung mit Jesus. Nur er kann diesen ganzheitlichen, alles umfassenden Frieden bringen, nach dem wir uns sehnen. Und er fängt damit in jedem Einzelnen an. Wenn Jesus als Friedefürst in meinem Herzen Raum gewinnt, dann begreife ich, wie sehr Gott mich liebt und dass ich von ihm angenommen bin.

Ich fange an, andere Menschen mit Gottes Augen zu sehen und ihnen Achtung und Respekt entgegenzubringen, weil ich weiß, dass Gott das von mir möchte. Ich lerne zu buchstabieren, was Vergebung bedeutet. Ich schließe Frieden mit meinen Begrenztheiten, weil ich mich in ihnen als von Gott gewollte und geschaffene Persönlichkeit sehen darf. Umgekehrt nehme ich die Stärken anderer nicht mehr als Bedrohung, sondern als Bereicherung wahr, weil Gott mir meine Mitmenschen als Ergänzung und Korrektur geschenkt hat. Auch das geschieht in kleinen Schritten und es gelingt mir mal mehr und mal weniger gut.

Gibt es also doch keinen Unterschied zwischen einem Frieden ohne Jesus und einem Frieden mit ihm? Doch, ich glaube schon. Das große Bild, das in der Bibel gezeichnet wird, ist das einer Menschheit ohne Krieg und im inneren Frieden mit sich, mit der Schöpfung und mit Gott. Der Schlüssel für diesen umfassenden Frieden ist Letztgenanntes: der Friede mit Gott. Gott macht dazu den ersten Schritt auf die Menschheit zu und stößt damit eine Friedensbewegung an, die nicht von den Machtzentren zum einzelnen Menschen geht, sondern vom Einzelnen hin zur gesamten Gesellschaft.

Der Anfang dazu wurde an Weihnachten gemacht, deswegen singen die Engel vom Frieden auf Erden. Vollendet wird dieser Frieden, wenn Jesus wiederkommt, um alles Böse zu richten und Gerechtigkeit und Wahrheit wiederherzustellen.

Denn auch das braucht es, damit dauerhafter Frieden entstehen kann.

Wenn Unrecht nicht gesühnt und vergeben worden ist, ist ein echter Neuanfang nicht möglich. Konflikte werden dann immer wieder aufbrechen. Solange jeder Einzelne von uns nicht klar die Wahrheit von Lüge und Halbwahrheit unterscheiden kann, wird es immer Machthaber oder Organisationen geben, die Völker oder einzelne Menschengruppen manipulieren und Unfrieden stiften. Wir Menschen können aus diesem Grund einen weltweiten Frieden trotz bestem Willen und größter Anstrengung nicht erreichen.

Weihnachten will uns aber trotzdem Mut machen, den Weg des Friedens einzuschlagen und ihn auch dann durchzuhalten, wenn die Welt um uns herum alles andere als friedlich ist. „Imagine Peace" – das ist sicher nicht nur in der Weihnachtszeit eine lohnenswerte Aufforderung und Handlungsanweisung zugleich.

★

Weihnachtslicht Nr. 18

„Denn uns wurde ein Kind geboren, uns wurde ein Sohn geschenkt. Auf seinen Schultern ruht die Herrschaft. Er heißt: wunderbarer Ratgeber, starker Gott, ewiger Vater, Friedensfürst." (Jesaja 9,5; NL)

Der Autor und Journalist Markus Baum definiert Feindes-
liebe und Pazifismus á la Jesus so: „Liebt eure Feinde. Seid
deutlich und unerbittlich gegenüber dem Bösen, gegenüber
dem Unrecht, gegenüber dem Halbwahren und Falschen.
Erduldet das Böse, wenn es ausschließlich euch trifft. Hin-
dert und bekämpft das Böse, wenn es andere zu treffen
droht."[45]

Baum benennt hier in wenigen Worten die Spannung, in
der Christen stehen, wenn sie für Frieden eintreten möchten. Was fällt dir persönlich im Alltag schwerer: das Böse zu
erdulden oder ihm entgegenzutreten? Bitte Jesus um Mut,
Kraft und Weisheit für einen Lebensstil, der beides umfasst.

Markus Baum – Jesus und der Pazifismus

19

Hannas Vermächtnis

Hast du als Kind oder Jugendlicher mit deinem Namen gehadert, weil er dir zu altmodisch oder zu uncool vorgekommen ist? Ich fand meinen Namen immer etwas gewöhnlich. Dazu kam, dass es in meinem Alter kaum andere Hannas gab.[46] Wenn ich bei einem Klassenausflug die Souvenirständer mit den Diddl-Maus-Namenstassen abgesucht habe, war mein Name nie dabei. Getröstet hat mich aber ein bisschen, dass es immerhin zwei biblische Geschichten gibt, in denen eine Frau namens Hanna eine Rolle spielt.

Eine von ihnen ist die Mutter des Propheten Samuel im Alten Testament. Sie ist nach langer Kinderlosigkeit sehr verzweifelt und bringt ihre ganze Not darüber zu Gott.

Dieser erhört ihr Gebet und schenkt ihr einen Sohn, der als erwachsener Mann in Israel eine bedeutende Rolle spielt.

Die zweite Hanna kommt im Neuen Testament vor, in der Weihnachtsgeschichte. Über sie wissen wir nur sehr wenig: Sie war kurze Zeit verheiratet und ist nach dem Tod ihres Mannes allein geblieben. Als Jesus geboren wird, ist sie schon 84 Jahre alt und verbringt die meiste Zeit ihres Lebens mit Beten und Fasten im Tempel. Einziger Lichtblick in dieser knappen Biografie scheint die Tatsache zu sein, dass sie als eine der Ersten erkennt, wer Jesus ist, und anderen begeistert davon erzählt. Deswegen taucht sie im Lukasevangelium überhaupt auf.

Ganz ehrlich: Ich bin mit dieser Hanna lange nicht so richtig warm geworden. Ich stellte mir ein Leben, das überwiegend aus Beten und Fasten besteht, ziemlich anstrengend und auch etwas freudlos vor. Auf jeden Fall ist es ziemlich unscheinbar. Heute denke ich, dass ich mich mit dieser Einschätzung geirrt habe. Vielleicht tut diese weihnachtliche Hanna nämlich genau das, wozu Jesus seine Nachfolger später unter anderem beauftragt – für diese Welt zu beten und die Sehnsucht nach ihrer Erlösung durch Fasten auszudrücken.

Bevor du jetzt innerlich aufstöhnst, weil du erstens zu gerne lecker und reichlich isst und zweitens nicht so der betende Typ bist, lass mich erklären, wie ich auf diesen Gedanken komme. Wie gesagt, wir wissen nicht viel über Hanna, aber es scheint mir doch so, dass eine tiefe geistliche Sehnsucht sie innerlich angetrieben hat. Hanna hat sich von ganzem Herzen gewünscht, dass Gott in ihrer Umgebung handelt und in die Geschichte ihres Volkes eingreift. Sie hat die Halt- und die Ziellosigkeit gesehen, mit der ihre Mitmenschen durchs Leben gestolpert sind. Das hat der alten Frau große Mühe gemacht und sie zur Fürbitte für diese Menschen angetrieben. Um ihrem Wunsch Gott gegenüber besonders Ausdruck zu verleihen, hat sie auf einzelne Mahlzeiten verzichtet. Sie wollte Gott zeigen, wie ernst es ihr mit ihrem Anliegen ist.

Vielleicht hat Hanna das anfänglich nur hin und wieder getan. Sie musste sich als junge Witwe vermutlich irgendwie auch um ihren Lebensunterhalt kümmern. Möglicherweise hat sie nach dem Tod ihres Mannes aber auch ziemlich schnell gemerkt, dass dieser unsichtbare Einsatz für ihre Mitmenschen ihre neue Lebensaufgabe sein soll. Wenn sie kein Vermögen hatte, auf das sie zurückgreifen konnte, hat sie sich dann vermutlich von den Spenden der Tempelbesucher ernährt. Viel wird sie für dieses zurückgezogene, unscheinbare Leben nicht gebraucht haben.

Ich kann mir gut vorstellen, dass Hanna von manchen ihrer Mitmenschen für ihren Dauereinsatz im Tempel ein wenig belächelt worden ist: „Ja, ja, die gute, alte Hanna. Nach dem Tod ihres Mannes ist sie ein wenig seltsam geworden. Sie meint, sie kann mit ihren ständigen Gebeten und ihrem Fasten bei Gott besonders viel erreichen. Für mich wäre ein solches Leben nichts!"

Ich fürchte, ich würde heute jedenfalls so reagieren, wenn ich jemanden treffen würde, der einen Großteil seines Lebens mit Beten und Fasten verbringt. Das ist schon etwas eigenartig, oder? Interessanterweise sieht Gott das anders. Der Evangelist Lukas schreibt, dass Hanna mit ihrem Beten und Fasten Gott gedient hat. Die Bibelübersetzung „Das Buch" bezeichnet diesen Lebensstil sogar als Gottesdienst.

Und hier wird es spannend, denn Hannas Leben spiegelt damit für mich die Weihnachtsgeschichte in Miniaturform wider: Hanna ist ganz darauf ausgerichtet, Gottes Segen, seinen Frieden und seine Rettung in ihre Umgebung „hineinzubeten". Jesus ist auf diese Welt gekommen, um Gottes Segen, seinen Frieden und seine Rettung tatsächlich in diese Welt zu bringen. Hanna bringt die Nöte und die Ängste ihrer Mitmenschen im Gebet vor Gott. Jesus lässt sich auf die Nöte und Ängste dieser Welt ein. Hanna versucht, als Prophetin zwischen Gott und ihrer Umwelt zu vermitteln. Jesus ist der Weg, der uns Menschen zu Gott führt.

Kannst du die Ähnlichkeiten sehen? Ich will meine Namensvetterin nicht idealisieren, aber ich verstehe jetzt, warum sie mit ihrem unscheinbaren Leben in der Weihnachtsgeschichte auftaucht und das Vorrecht bekommt, als einer der ersten Menschen Jesus zu sehen. Gott hat ihren Einsatz für diese Welt gesehen, und er hat ihr erlaubt, einen Blick auf den zu werfen, der die Antwort auf ihre Sehnsucht ist.

Ich kann und will Hannas Lebensstil nicht kopieren. Das ist zumindest zum jetzigen Zeitpunkt auch nicht meine Berufung. Aber ich kann von ihr lernen, was es heißt, diese Welt in all ihrer Zerbrochenheit und, ja, auch in ihrer

Schlechtigkeit buchstäblich ins Gebet zu nehmen. Ich kann mir von Gott ein Herz schenken lassen, das sich von der Not und der Gleichgültigkeit dieser Welt nicht abwendet, sondern sich danach sehnt, Gottes Frieden und seine Heilung hineinzubringen.

Christen sind dazu aufgerufen, in die Fußstapfen von Jesus zu treten. Er ist in diese Welt gekommen, um sie zu lieben, ihr zu helfen, sie, wo nötig, mit falschem Denken und Verhalten zu konfrontieren und sie gleichzeitig zu heilen. In Jesu Auftrag und aus seiner Kraft sollen Christen diese Aufgabe bis heute fortführen. Hannas Vermächtnis an uns heute besteht darin, dass wir diesen geistlichen Auftrag wahrnehmen und ihn nach unseren persönlichen Fähigkeiten und Begabungen ausführen und ausfüllen.

★

Weihnachtslicht Nr. 19

„Nun rufe ich zuerst dazu auf, dass intensives Gebet, Bittgebete, Fürbitten und Danksagungen zu Gott gebracht werden, und zwar für alle Menschen, für Könige und alle, die Regierungsverantwortung haben, sodass wir unser Leben ungestört und im Frieden führen können, gottesfürchtig und ehrbar. Das ist gut und gefällt Gott, unserem Retter. Sein Wille ist es, dass alle Menschen gerettet werden und zur Erkenntnis der Wahrheit kommen." (1. Timotheus 2,1–4; Das Buch)

Der Advent war in der Kirche traditionell eine Fastenzeit. Der Theologe Michael Kotsch schreibt dazu: „Jeden Tag, außer Samstag und Sonntag, sollten die Christen fasten, um zu zeigen, dass Gott ihnen wichtiger ist als Essen und Feiern. Außerdem sollten die durch das Fasten erhöhte Aufmerksamkeit und die gewonnene Zeit dazu benutzt werden, das eigene Leben zu überdenken, Schuld zu bereuen und zu bekennen, sowie über Gott nachzudenken."[47]

Dieser Brauch ist heute fast untergegangen. Vielleicht möchtest du ihn für einzelne Tage wiederbeleben und an ihnen auf (feste) Nahrung verzichten?[48] Der bewusste Verzicht um Jesu willen (nicht, um abzunehmen ☺) kann uns in eine engere Beziehung zu ihm führen und uns gleichzeitig dabei helfen, intensiver für uns und unsere Welt zu beten.

Zwischen Himmel und Erde (Lyric-Video)

20

Weihnachten heißt, dazuzugehören

Kürzlich habe ich mir abends einen Tee zubereitet. Dabei staunte ich nicht schlecht über die Lebensweisheit, die auf dem Teeschildchen des Kräutertees abgedruckt war.

„Unabhängigkeit schafft Originale", las ich da.

Aha, dachte ich mir und überlegte, was genau der Teehersteller mir damit sagen will. Soll ich mich beim Teetrinken besonders unabhängig fühlen? Oder soll ich mir dabei Gedanken darüber machen, wie ich von meinen Mitmenschen unabhängiger und damit noch mehr ich selbst werden kann? Beides wäre in meinen Augen kein guter Rat. Es täte unserer

schon deutlich individualisierten Gesellschaft nicht gut, wenn wir uns noch mehr voneinander abkapseln. Andererseits stimmt es natürlich: Wir möchten alle als besondere Persönlichkeiten wahrgenommen werden, die es wert sind, geliebt zu werden und dazuzugehören.

Die Frage ist, wie man zu einem solchen Menschen wird. Der Duden definiert „original" als „ursprünglich" oder „echt". Wenn ich mir so überlege, wen in meiner Umgebung ich als ein Original bezeichnen würde, dann fällt mir meine alte, ledige Tante ein. Sie hat sich tatsächlich immer eine gewisse Unabhängigkeit bewahrt, hat ihr Leben aber auch immer in Beziehung zu anderen Menschen gelebt: zu ihren Brüdern, ihren Nachbarn, der Verwandtschaft.

Was sie für mich zu einem Original macht, ist, dass sie sich selbst treu ist. Sie kümmert sich nicht um das, was gerade angesagt ist, weder in der Mode noch in der Ernährung. Sie verzichtet auf die ständige Berieselung durch irgendwelche Medien und braucht kein großartiges Veranstaltungsangebot, um glücklich zu sein. Für mich hat es den Anschein, dass sie zufrieden und glücklich ist mit dem, was sie hat. Bei allen Schicksalsschlägen, die sie erlebt hat, hat sie sich einen gesunden Humor und ihren Glauben bewahrt. Wahrscheinlich ist es ihr gar nicht recht, dass ich hier so lobend über sie schreibe – aber ihre Herzlichkeit und Anteilnahme an unserem Familienleben sind ein Geschenk, das ich sehr schätze.

Wenn ich mir die Weihnachtsgeschichte anschaue, dann entdecke ich dort ebenfalls solche Originale. Maria und

Josef, Zacharias und Elisabeth, Simeon und Hanna, die Hirten und in einer gewissen Weise selbst die Weisen aus dem Morgenland – sie alle sind einfach sie selbst. Sie leben in kleinen Dörfern abseits der großen Bühne des Lebens in Rom oder Jerusalem. Sie tun das, was der Alltag von ihnen verlangt, ohne dafür nach Anerkennung zu heischen. Sie sammeln auf ihren Social-Media-Kanälen keine Likes oder Herzchen. Aber genau so, wie sie sind, nimmt Gott sie an. Und vor allem: Genau so gebraucht er sie und nimmt sie mit in sein Handeln hinein.

Ich finde es erstaunlich, dass die Biografien von Jesus rund um seine Geburt so viele Einzelpersonen erwähnen, ohne jemanden von ihnen hervorzuheben. Sie haben alle ihren Platz und gehören dazu, aber keiner wird besonders hochgejubelt. Und noch ein weiteres Detail ist bemerkenswert: Im Alten Testament sind es oft einzelne Menschen, die Gott beruft, um mit ihnen Geschichte zu schreiben: Abraham, Mose, Ruth, David, Esther oder Daniel. Hier, in der Weihnachtsgeschichte, streifen wir – mit Ausnahme von Maria – das Leben der meisten Beteiligten nur für einen ganz kurzen Augenblick. Danach verschwinden sie wieder aus dem Rampenlicht. Trotzdem gehören sie dazu.

Damit wird für mich schon etwas von dem sichtbar, was nach Pfingsten einmal die christliche Gemeinde ausmacht. Natürlich gibt es auch in der ersten Kirche besondere Persönlichkeiten wie Petrus, Jakobus, Paulus, Lydia oder Aquila und Priscilla, aber die große Mehrheit bleibt anonym. Die junge Kirche setzt sich aus ganz normalen Menschen zusammen.

Die meisten von ihnen haben nichts Besonderes vorzuweisen, und neben einigen reichen und einflussreichen Personen sind auch Sklaven Teil dieser Gemeinschaft, die Gott ins Leben gerufen hat. Alle gehören dazu, ganz unabhängig von dem, was sie leisten können oder darstellen. Und das Beste ist: Gott sieht sie alle als Originale.

Was im Alten Testament durch die jüdische Gemeinde schon angedeutet ist, wird mit der Entstehung der Kirche durch das Wirken des Heiligen Geistes eine kraftvolle Wirklichkeit. Wenn ich mir die Weihnachtsgeschichte anschaue, dann habe ich den Eindruck, dass Gott bereits zu diesem Zeitpunkt anfängt, Menschen über Standes-, Länder- und Geschlechtergrenzen hinweg miteinander zu verbinden.[49] Individualismus und Zugehörigkeit sind kein Gegensatz mehr, sie sollen sich ergänzen.

Das ist eine befreiende Botschaft für unsere Welt, in der wir gefühlt immer mehr darum kämpfen müssen, dass wir einerseits dazugehören, andererseits aber auch wir selbst sein dürfen. Wenn ich zu Gottes Reich gehöre, sieht das anders aus. Ich muss mir meine Zugehörigkeit dafür nicht erarbeiten, ich muss mich weder permanent abgrenzen noch immerzu anpassen, damit ich jemand bin. Ich darf ich sein, weil ich Gottes geliebtes Kind bin. Gott hat mich berufen und an meinen Platz gestellt. Durch sein Wirken gehöre ich zur weltweiten Gemeinschaft aller Christen, ohne dass mir irgendjemand diesen Status wieder nehmen kann.

Es mag sein, dass ich bei alldem keine Hauptrolle spiele, aber das ist in Gottes Augen sowieso zweitrangig. Ganz ehrlich: Mit diesem Wissen trinke ich meinen Tee viel entspannter, als wenn ich mir dabei überlegen müsste, wie ich zu einem ganz besonderen Original werden kann. Ich glaube, meine Tante würde das auch so sehen ...

★

Weihnachtslicht Nr. 20

„Keiner soll mehr von sich halten, als angemessen ist. Es ist wie bei unserem Körper: Er besteht aus vielen Körperteilen, die einen einzigen Leib bilden und von denen doch jeder seine besondere Aufgabe hat. Genauso sind wir alle – wie viele und wie unterschiedlich wir auch sein mögen – durch unsere Verbindung mit Christus ein Leib, und wie die Glieder unseres Körpers sind wir einer auf den anderen angewiesen." (Römer 12,3–5 in Ausschnitten; NGÜ)

Weihnachtstürchen Nr. 20

Manchmal haben wir vielleicht das Gefühl, aufgrund unserer Lebensgeschichte oder unserer Umstände nichts Besonderes zu sein. Vielleicht denken wir, dass wir nichts Außergewöhnliches vorzuweisen haben. Mir hat in diesem Zusammenhang eine Aussage der verstorbenen US-amerikanischen Autorin Elisabeth Elliot weitergeholfen.

Sie schreibt: „Die ganze Vergangenheit einer Person ist ein Teil von Gottes Geschichte mit jedem seiner Kinder. Diese Geschichte, die vor der Grundlegung der Welt geschrieben wurde, ist ein Geheimnis aus Gottes Liebe und seiner Souveränität. Unsere Geschichte ist nie ein Hinderungsgrund für die Aufgabe, die Gott für uns vorbereitet hat. Ganz im Gegenteil – sie ist geradezu die Vorbereitung dafür und passt zu den Bedürfnissen unserer Persönlichkeit.“[50]

Gemeinsam unterwegs (Lyric-Video)

21

Gottes Hirtenherz
ganz nah

Was wäre ein Weihnachtsbuch ohne ein Kapitel über die Hirten, die in der Weihnachtsgeschichte vorkommen?

„Einige Hirten befanden sich in der Gegend. Sie verbrachten die Nacht draußen auf dem freien Feld, weil sie ihre Herden bewachen mussten", so beschreibt es der Evangelist Lukas ganz nüchtern in seinem Bericht über die Geburt von Jesus.[51] In diesem kurzen Satz ist schon einiges über die Mühe ausgesagt, die das Hirtenleben mit sich brachte. Die Hirten konnten nicht wie andere Menschen die Nacht in einem schützenden Haus auf einer Bettstelle verbringen.

Stattdessen waren sie tagsüber der Hitze und nachts der Kälte ausgeliefert. Auf der Suche nach Futter waren sie ständig unterwegs und mussten dabei gut überlegen, welche Marschrouten sie den Tieren zumuten konnten und wo es unterwegs Wasserstellen und Schattenplätze gab.

Bei all dieser Anstrengung war ihnen ein wichtiger Besitz anvertraut: Schafe und Ziegen waren in Israel zur Zeit Jesu nicht nur Hauptlieferant für Milch und Fleisch. Ihre Wolle wurde für Kleidung genutzt, ihre Haut, ihre Därme und die Hörner fanden ebenfalls Verwendung. Auch für den Opferritus im Tempel in Jerusalem spielten die Tiere eine wichtige Rolle.[52]

Es sagt viel über Gott aus, dass er gerade diesen einfachen, hart arbeitenden und wettergegerbten Menschen seinen Engel mit der Nachricht über die Geburt des Messias schickt! Vielleicht wollte Gott den Männern (und vielleicht auch Frauen) damit seine Wertschätzung für ihre nur mäßig bezahlte und doch so wichtige Arbeit ausdrücken.

Aber auch unabhängig von Weihnachten spielt der Beruf des Hirten in der Bibel eine wichtige Rolle: Abraham und seine Nachkommen waren Nomaden, die von der Viehwirtschaft lebten. Der berühmte König David war ursprünglich ein Hirte. Die jüdischen Propheten greifen in ihren Schriften immer wieder das Bild des Hirten auf, um damit Aussagen über Gott oder über das Volk Israel zu verdeutlichen. Es scheint fast so, als ob Gott ein Faible für diese Tätigkeit hat und für die Menschen, die sie ausüben. Ob das daran liegt, dass ein Hirte, der seine Arbeit ernst nimmt, ein

Inbegriff für Fürsorge, Schutz, Wachsamkeit und Hingabe ist?

Es ist berührend, in diesem Zusammenhang auf die Berufserfahrung eines modernen Hirten wie W. Phillip Keller zu hören. Keller beschreibt beispielsweise, dass es manchmal vorkommt, dass es in einer Schafherde Probleme durch die sogenannte Nasalfliege gibt.

Diese Fliegenart legt ihre Eier in die Nasenschleimhaut der Schafe. Wenn die Würmer dann schlüpfen, dringen sie in den Kopf des Schafes vor und verursachen dort derartige Schmerzen, dass das Tier seinen Kopf gegen alle möglichen Gegenstände schlägt, um Erleichterung zu finden. Aus diesem Grund reagiert die Herde panisch, wenn sich ihr diese Fliegen nur nähern. Der Hirte muss dann sofort reagieren und die Tiere mit einem Mittel gegen die Übeltäter einreiben. Ist das geschehen, wird die Herde ruhiger.

Keller schreibt: „Welche unglaubliche Verwandlung rief diese Behandlung bei den Schafen hervor! Kaum hatte ich die Salbe aufgetragen, zeigte sich augenblicklich ein Wandel in ihrem Verhalten. Angst, Raserei, Reizbarkeit und Ruhelosigkeit waren wie weggeblasen. Die Schafe begannen wieder ruhig zu fressen und legten sich bald zufrieden ins Gras."[53] Alles nur, weil ein guter Hirte die Gefahr erkannt und sie von seinen Schafen abgewandt hat.

Gott lässt uns mit all diesen biblischen Bezügen und Vergleichen zum Hirtenberuf tief in sein Herz blicken. Er ist ein Gott, der sich um unsere Bedürfnisse kümmert, der uns führt und der uns schützt. Er sieht weiter als wir und bringt uns zurück, wenn wir uns bildlich gesprochen aus Trotz oder Unwissenheit verlaufen und von der Herde entfernt haben.

Psalm 23, der vielleicht bekannteste Text aus der Bibel, drückt diese Hirteneigenschaften Gottes in wunderschönen Worten aus. Auch Jesus greift dieses Bild auf, wenn er von sich sagt: „Ich selbst bin der gute Hirte. Der gute Hirte opfert sein eigenes Leben für seine Schafe. Ich kenne die Schafe, die zu mir gehören. Und die, die zu mir gehören, kennen mich."[54]

Damit macht Jesus zwei Sachen deutlich: Zum einen ist er bereit, für uns Menschen – in diesem Vergleich sind wir die Schafe – bis zum Äußersten zu gehen. Jesus entscheidet sich später mit seinem Weg ans Kreuz bewusst dafür, sein Leben als Lösegeld einzusetzen, damit wir von unserer Schuld freigesprochen werden können. Zum anderen wirbt Jesus mit diesem Bild aber auch dafür, dass wir ihm vertrauen und auf ihn hören. Es geht darum, mit ihm, mit seinen Worten, seinem Wesen und seinen Absichten immer vertrauter zu werden.

Die Hirten, die in der Weihnachtsgeschichte das Kind in der Krippe besuchen, sind eine wunderschöne und zugleich handfeste Erinnerung an Gottes Hirtenherz. Und sie sind eine Einladung dafür, auf Gottes Stimme zu achten und ihr zu folgen.

Die Hirten haben auf die Einladung des Engels gehört und sich auf die Suche nach Jesus gemacht. Zumindest theoretisch ist es denkbar, dass Einzelne von ihnen aus Skepsis vor dem Übernatürlichen, aus Sorge um die Herde oder aus

Bequemlichkeit einfach sitzen geblieben wären. Gut, dass sie es nicht getan haben! Ich wünsche uns, dass wir ihrem Beispiel folgen und durch sie wieder neu daran erinnert werden, dass Gott unser Guter Hirte ist.

★

Weihnachtslicht Nr. 21

„Der HERR ist mein Hirt; darum leide ich keine Not. Er bringt mich auf saftige Weiden, lässt mich ruhen am frischen Wasser und gibt mir neue Kraft. Auf sicheren Wegen leitet er mich, dafür bürgt er mit seinem Namen. Und muss ich auch durchs finstere Tal – ich fürchte kein Unheil! Du, HERR, bist ja bei mir; du schützt mich und du führst mich, das macht mir Mut. Vor den Augen meiner Feinde deckst du mir deinen Tisch; festlich nimmst du mich bei dir auf und füllst mir den Becher randvoll. Deine Güte und Liebe umgeben mich an jedem neuen Tag; in deinem Haus darf ich nun bleiben mein Leben lang." (Psalm 23; GN)

Weihnachtstürchen Nr. 21

Vielleicht ist es die wichtigste Eigenschaft eines Hirten, dass er seine Schafe nie allein oder zumindest nie unbewacht lässt. Gott ist immer bei uns, auch wenn wir ihn nicht fühlen. Ich merke, dass ich mir dieses Wissen, dass ich in jeder

Situation mit seiner Gegenwart rechnen kann, regelrecht antrainieren muss. Wie geht es dir damit? Wann fällt es dir leicht, daran zu glauben, dass Gott bei dir ist, wann hast du Mühe damit? Was könnte dir in den schwierigen Situationen helfen, an seine Gegenwart zu denken? Und noch weitergedacht: Wo hältst du den Hirten vielleicht bewusst oder unbewusst innerlich auf Abstand? Du musst, bildlich gesprochen, nicht am Rand der Herde bleiben – du darfst die Nähe des Guten Hirten suchen.

Psalm 23 (Ich bin nicht allein)
feat. Mino West von LOBEN

22

Josef – getragener Hoffnungsträger

Noch zwei Tage bis Weihnachten! Ob du schon Urlaub hast? Oder drehst du am Rad bei dem Gedanken, was heute und morgen alles noch auf der Arbeit zu erledigen ist? Für manche ist es jetzt auch gar nicht möglich, länger freizunehmen, weil Jahresabschlüsse gemacht werden müssen oder weil zwischen den Jahren in der Firma Hochbetrieb herrscht. Für sie sind die Feiertage dann nur eine kurze (aber hoffentlich schöne) Verschnaufpause.

Wer in der Pflege, im Gastronomie- oder im Servicebereich arbeitet, wird vielleicht sogar an den Feiertagen

selbst Dienst haben. So oder so bestimmt die Arbeitswelt oder die Verantwortung für unsere Familie auch rund um Weihnachten einen großen Teil unseres Lebens und Denkens als Erwachsene. Unser Einsatz ist gefragt – und das ist gut so. Denn wir Menschen sind dazu geschaffen, uns mit unseren Fähigkeiten und Ideen füreinander einzusetzen. Allerdings ist es kein Geheimnis, dass unsere Aufgaben und die damit verbundene Verantwortung auch zu einer Belastung werden können.

Josef, der Pflegevater von Jesus, hatte ebenfalls kein leichtes Päckchen zu tragen. Die Berichte in den Evangelien schildern Josef als einen verlässlichen und ehrlichen Charakter, der seine Aufgabe als Vater und Ehemann ernst genommen hat. Trotzdem oder vielleicht gerade deswegen wird er an den Herausforderungen zu knabbern gehabt haben, vor die ihn seine Ehe mit Maria und die Vaterschaft des Messias gestellt haben.

Josef muss nicht nur damit klarkommen, dass Gott in die Beziehung zwischen Maria und ihm sehr unmittelbar, ja vielleicht sogar störend hineinfunkt und er der Vater eines außergewöhnlichen Kindes werden soll. Er muss sich ziemlich bald auch noch mit einem Staat auseinandersetzen, der kein Problem damit hat, hochschwangere Frauen aus steuerlichen Gründen durchs ganze Land reisen zu lassen. Das hat Josefs Gedanken sicherlich nicht nur logistisch, sondern auch emotional stark in Anspruch genommen.

Wahrscheinlich hat der junge Zimmermann erleichtert aufgeatmet, als sie heil in Bethlehem angekommen waren und die etwas chaotische, aber immerhin sichere Geburt von Jesus vorbei war. Danach würden die Dinge für sie als Paar und als junge Eltern sicherlich wieder planbarer verlaufen. Außerdem wartete zu Hause ja sein handwerklicher Betrieb auf ihn. Wenn Josef so gedacht hat, dann wurde er bitter enttäuscht.

Irgendwann während ihres Aufenthaltes in Bethlehem schreckt Josef nämlich nachts aus dem Schlaf hoch, denn er hat die Vision eines Engels, der ihm mit unmissverständlicher Dringlichkeit sagt, dass er mit Maria nach Ägypten fliehen soll. Sofort! Das Leben von Jesus ist in unmittelbarer Gefahr, weil die Soldaten des Herodes bereits unterwegs sind, um ihren grausamen Auftrag auszuführen, in Bethlehem alle Kinder unter zwei Jahren zu töten. Josef gehorcht und wird so ohne Vorwarnung von jetzt auf gleich zu einem Flüchtling, der mit seiner Familie in einem fremden Land Asyl sucht.

Wie es Josef in Ägypten wohl ergangen ist? War es leicht für ihn, eine sichere Bleibe und einen festen Job zu finden, oder musste er sich mit Gelegenheitsarbeiten durchschlagen, immer mit dem Stigma, ein Ausländer zu sein? Ich vermute, dass Josef in dieser Zeit immer wieder stark an die Grenzen seiner körperlichen und psychischen Belastbarkeit gekommen ist. Was hat ihm wohl die Kraft gegeben durchzuhalten?

Die Berichte in den Evangelien gewähren uns keinen Einblick in Josefs Gefühls- und Gedankenleben während dieser Zeit. Als frommer Jude wird er aber sicherlich den Kontakt zu einer jüdischen Gemeinde vor Ort gesucht haben, um mit den anderen Gläubigen Gottesdienste zu feiern. Vielleicht haben Maria und er auch zu Hause miteinander gebetet und den Tanach – die jüdische Bibel, die unserem Alten Testament entspricht – gelesen. Kurz zusammengefasst könnte man sagen, dass Josef sich vermutlich gerade in dieser schwierigen Zeit bewusst um seine Seele gekümmert hat. Josef hat die Beziehung zu Gott nicht abreißen lassen, trotz aller Fragen, die er mit Sicherheit hatte. Auf diese Art und Weise konnte Josef seiner Aufgabe gerecht werden und sich um Jesus und Maria kümmern, so wie Gott es ihm aufgetragen hatte.

Die Geschichte von Josef erinnert mich daran, dass auch ich mich um meine Seele kümmern muss, wenn ich an den Herausforderungen der Arbeitswelt und dieses Lebens im Allgemeinen nicht zerbrechen will. Mein Mann und ich schauen uns angesichts der aktuellen Nachrichtenlage manchmal an und fragen uns, ob die Welt verrückt geworden ist. Vielleicht liegt das daran, dass man in der Mitte des Lebens anfängt, Dinge bewusster und ganzheitlicher wahrzunehmen. Vielleicht spitzen sich die Umstände aber auch tatsächlich zu – ich weiß es nicht. Aber ich weiß, dass mir manchmal alles fast zu viel wird.

In diesen Zeiten muss ich mich um meine Seele kümmern. Ich muss lernen, die drückende Last der Verantwortung und Sorgen an Gott abzugeben und bei ihm neue Kraft und neue Hoffnung zu tanken. Andreas, ein Mitarbeiter einer Organisation, die sich um Migranten kümmert, hat mir das vor einiger Zeit noch einmal plastisch vor Augen gemalt. In einem Interview habe ich ihn gefragt, woher er die Kraft nimmt, die Flüchtlinge mit ihrem oft schweren Schicksal zu begleiten.

Er antwortete: „Ich will von meinem Naturell her immer den Helden spielen. Ich möchte am liebsten einfach eingreifen und alle Probleme wunderbar lösen. Diese Einstellung ist tödlich. Ich muss das, was mich bei meiner Arbeit mit Migranten belastet, ständig an Gott abgeben. Meine Erfahrung hat mir gezeigt, dass ich keinen Bruchteil dieser Belastung selbst tragen darf, sonst werde ich von ihr erdrückt."[55]

Was für eine Aussage! Gott will nicht, dass wir den Helden oder die Heldin spielen. Er will, dass wir durch seine Kraft und mit seiner Hilfe schwierige Zeiten durchstehen. Ich denke, das hat auch Josef so erfahren, und ich möchte es ebenfalls lernen.

★

Weihnachtslicht Nr. 22

„An dem Tag, als ich zu dir rief, hast du mich erhört; du hast mir Mut verliehen und meiner Seele Kraft gegeben." (Psalm 138,3; NGÜ)

Vielleicht passt der doch etwas schwerere Inhalt dieses Kapitels für dich nicht so unmittelbar mit Weihnachten zusammen. Du hast dir für heute womöglich etwas Leichteres, Fröhlicheres gewünscht. Das kann ich gut verstehen. Andererseits hat Weihnachten auch damit zu tun, dass wir als Christen Hoffnungsträger für die Welt um uns herum werden sollen. Und wie könnten wir das sein, wenn wir nicht Gottes Nähe und seine Kraft suchen würden? Lass dich deswegen für die nächsten Tage und vor allem auch für das kommende neue Jahr dazu einladen, deinen Seelenakku immer wieder neu bei Gott aufzuladen.

A Strange Way to Save the World[56] (Feat. Mark Harris) |
Christmas at Gateway Church | Gateway Worship

23

Maria – ein Teil der Geschichte werden

Als Mutter von zwei Söhnen habe ich manchmal das Gefühl, dass Elternsein vor allem aus Abschiednehmen und Loslassen besteht. Das stimmt so natürlich nicht, aber wenn man sich die einschlägige Fachliteratur anschaut, dann bekommt man leicht den Eindruck, dass der nächste Umbruch in der Eltern-Kind-Beziehung immer schon auf einen wartet.

Du hältst gerade dein Neugeborenes im Arm? Bald kommt die Trotzphase, in der dein Kind zum ersten Mal seinen eigenen Willen entdeckt. Du freust dich an der Neugierde und

der uneingeschränkten Zuneigung deines Grundschülers? Nicht mehr lange und die Pubertät sorgt für Stimmungsschwankungen und Gefühlschaos. Der größte Umbruch steht vielleicht dann bevor, wenn das Kind endgültig das Elternhaus verlässt, um auf eigenen Beinen zu stehen. Ich weiß vom Verstand her, dass das alles richtig und wichtig ist. Aber mein Mutterherz wünscht sich trotzdem manchmal, dass es anders wäre.

Wie es Maria, der Mutter von Jesus, in dieser Beziehung wohl ergangen ist? Ob sie sich manchmal nach der Zeit zurückgesehnt hat, in der sie und Josef für den kleinen Jesus das Zentrum des Universums waren? Denn auch Maria musste lernen loszulassen und zu akzeptieren, dass ihr Erstgeborener seine eigenen Wege geht. Zum ersten Mal wird das deutlich, als er als Zwölfjähriger bei einer Pilgerreise im Tempel zurückbleibt, obwohl seine Eltern schon auf dem Heimweg sind. Später bittet Maria den erwachsenen Jesus bei einer Hochzeitsfeier um Hilfe und macht dabei die Erfahrung, dass Jesus über ihre Einmischung nicht begeistert ist.

Aber richtig schmerzhaft wird es für sie wohl in dem Moment, in dem sie einsehen muss, dass sie aufgrund ihrer Mutterrolle für Jesus keinen Sonderstatus hat. Jesus zieht sie anderen Menschen, die ihm nachfolgen, nicht vor, auch wenn er sich bis zum Schluss dort liebevoll um seine Mutter kümmert, wo es notwendig ist. Vor Maria liegt allerdings noch eine Herausforderung, die über diesen normalen Prozess des Loslassens hinausgeht. Sie muss für sich klären, wer Jesus für sie ist: nur ihr Kind oder der von Gott versprochene Retter. Maria wird sich sicherlich mit dieser Frage auseinandergesetzt haben, und ich vermute, das ist ihr nicht immer leichtgefallen.

Einmal besucht sie Jesus, als er mit seinen Freunden unterwegs ist. Ich habe den Eindruck, dass sie sich zu diesem Zeitpunkt noch ein wenig als Außenstehende sieht. Später, nach der Kreuzigung und Auferstehung von Jesus, schließt sie sich den Jüngern dann an. Sie ist nicht mehr außen vor, sondern mittendrin.

Unser Bezugspunkt zu Jesus ist neutraler, denn wir sind nicht leiblich mit ihm verwandt. Aber letztlich stehen wir vor der gleichen Aufgabe wie Maria. Wir können viel über Jesus wissen oder ihn als Lehrer oder integre Persönlichkeit bewundern. Das freut Jesus sicherlich. Aber was er sich zuallererst von uns wünscht, ist, dass wir erkennen, wer er ist, und seine Nachfolger werden. Maria hat diesen Schritt getan und Jesus zu ihrem persönlichen Retter gemacht.

Mir ist in diesem Zusammenhang noch etwas anderes wichtig geworden. Es gilt nicht nur zu begreifen, wer Jesus war, als er vor rund 2000 Jahren in Israel lebte. Es geht auch darum, seine Spuren in der Gegenwart zu entdecken. Das fängt mit der schlichten Frage an, wo und wie ich Jesus in meinem Leben erfahren habe. Wo hat er mich verändert? Wo habe ich etwas über ihn oder über eine seiner Kernaussagen neu oder vielleicht zum ersten Mal verstanden? Nach dieser persönlichen Bestandsaufnahme lohnt sich dann auch ein Blick darauf, wo und wie Jesus bei anderen Menschen wirkt.

Kürzlich las ich einen Bericht darüber, wie Jesus einem Muslim bei seiner Pilgerreise in Mekka erschienen ist. Rein menschlich gesehen erwartet man nicht unbedingt, dass Christus einem Menschen gerade dort begegnet, wo es lebensgefährlich sein kann, Interesse am christlichen Glauben zu bezeugen.[57]

Einige Tage später las ich in meinem Andachtsbuch einen Text über einen jungen Mann mit atheistischem Hintergrund, der bei einem Besuch in der Grabeskirche in Jerusalem die Gegenwart von Jesus derart deutlich spürt, dass dieses Erlebnis der Anfang seines Weges hin zu Gott wird.[58]

Und noch ein drittes Beispiel habe ich kürzlich in einer Zeitschrift gefunden: In Nepal gab es 1951 bei der Gründung des modernen Staates keine einheimischen Christen im Land. Nicht nur das, es war den Nepalesen sogar verboten, die Religion zu wechseln. Trotzdem gab es 1970 schon etwa 500 getaufte Nepalesen im Land. Heute besuchen landesweit 800.000 nepalesische Christen die Gottesdienste, 75 Prozent davon sind Frauen. Diese Frauen sind es auch, die ihren Landsleuten die Botschaft von Jesus in ihrem ganz normalen Alltag weitererzählen und so dazu beitragen, dass immer mehr Menschen Jesus kennenlernen.[59]

Weihnachten lädt uns nicht nur dazu ein zurückzuschauen, sondern auch dazu, heute mit offenen Augen für das Wirken von Jesus durch diese Welt zu gehen. Maria ist in ihren Überlegungen über ihren Sohn nicht bei den Kindheitsjahren und der Geburt im Stall stehen geblieben. Wie Nikodemus hat sie sein Leben beobachtet, seine Nähe immer wieder gesucht und so nach und nach verstanden, wer dieser Jesus ist, den sie auf die Welt gebracht hat. Das ist auch für uns wichtig. Denn Weihnachten hört nicht mit dem Besuch der drei Weisen aus dem Morgenland auf. Die Geschichte von Jesus geht weiter, bis heute. Und jeder kann ein Teil davon werden.

★

Weihnachtslicht Nr. 23

„Der Täufer Johannes hatte im Gefängnis von den Taten gehört, die Jesus als den versprochenen Retter auswiesen; darum schickte er einige seiner Jünger zu ihm. ‚Bist du wirklich der, der kommen soll‘, ließ er fragen, ‚oder müssen wir auf einen anderen warten?‘ Jesus antwortete ihnen: ‚Geht zu Johannes und berichtet ihm, was ihr hört und seht: Blinde sehen, Gelähmte gehen, Aussätzige werden gesund, Taube hören, Tote stehen auf und den Armen wird die Gute Nachricht verkündet. Freuen darf sich, wer an mir nicht irrewird!‘“ (Matthäus 11,2–6; GN)

★

Erinnerst du dich noch an das Weihnachtstürchen aus dem zweiten Kapitel? Es ging um die beiden Sis(s)is und die Frage, welches Bild du von Jesus hast. Wie würdest du diese Frage heute beantworten? Hat sich in den letzten Wochen an deiner Sicht etwas geändert?

Maria, ahntest du (Mary, did you know) –
Cover by SUNLIGHT GOSPEL CHOIR

24

Am Ende der Reise

Heute ist Heiligabend und damit schlägst du dieses Buch wahrscheinlich ein letztes Mal auf. Du warst in dieser Adventszeit auf der Suche nach der Weihnachtsfreude. Hat sich die Reise für dich gelohnt? Hast du gefunden, was du gesucht hast? Unsere Reisenden aus dem Morgenland, deren Reise auf dem Buchcover so wunderschön abgebildet ist, sind jedenfalls überglücklich, als sie den Stall mit dem Kind endlich gefunden haben. Das berührt mich: Drei erwachsene, gebildete Männer freuen sich riesig, weil sie den neugeborenen Retter gefunden haben. Welche Sehnsucht müssen sie zuvor in ihrem Herzen nach ihm gehabt haben, dass sie sich jetzt so kindlich freuen?

Aber noch ein weiteres Detail aus ihrer Begegnung mit dem Christuskind hat mich die ganze Zeit über nicht losgelassen. Der Evangelist Matthäus berichtet, dass die Sterndeuter vor dem Kind niederfallen und es wie einen König anbeten.[60] Es mag an unserer Zeit liegen, aber ich merke, dass mir diese Geste fremd vorkommt. Vor einer Person niederzuknien oder niederzufallen – das kennen wir hier in Deutschland höchstens noch im Zusammenhang mit einem Heiratsantrag. Sonst ist uns dieser Ausdruck der Verehrung fremd geworden. Die Briten haben es mit ihrem Königshaus und der dazugehörenden Etikette hier vielleicht etwas leichter.

Ich erinnere mich noch gut an einen Besuch in einer der großen Kirchen in London. Wir waren als Touristen während der Abschlussfahrt vor dem Abitur dort und wollten uns das Gotteshaus ansehen. Weil gerade ein Gottesdienst stattfand, setzten wir uns in eine der hinteren Bankreihen. Als nach dem Gottesdienst ein ranghoher Geistlicher die Kirche durch den Mittelgang verließ, wurden wir alle aufgefordert, aufzustehen. Aus irgendeinem Grund kam mir das damals übertrieben vor. Erst unter dem strengen Blick eines erwachsenen Ministranten erhob ich mich – mein Herz aber blieb sitzen. Echte Ehrerbietung oder gar Anbetung kann man nicht erzwingen.

Das ist wohl auch in unserer Beziehung zu Gott so. Ich glaube, selbst wenn wir von unserem Verstand her erfasst haben, dass Gott der König über diese Welt ist – unsere Herzen vollziehen diese Erkenntnis oft nicht nach. Im Alltag steht Gott gefühlt eher neben uns beziehungsweise wir neben ihm, als dass wir vor ihm auf die Knie fallen. Warum ist das so? Fehlt uns auch hier das Verständnis dafür, was ein König ist?

Auf der anderen Seite: Selbst wenn wir noch den Umgang mit menschlichen Königen gewöhnt wären, bin ich doch froh, dass Gott kein absolutistischer Herrscher ist, vor dem ich gar nicht anders kann, als mich niederzuwerfen, wenn mir mein Leben lieb ist. Worin liegt also das Geheimnis, dass sich Freude und Anbetung so miteinander verbinden, wie es bei den drei Weisen der Fall gewesen ist?

Eine Antwort auf diese Frage habe ich in der Biografie von David Bennett gefunden. Der junge Australier wurde gläubig, nachdem er zuvor nicht nur Atheist gewesen war, sondern aus verschiedenen Gründen auch einen ziemlichen Hass auf alles Christliche und auf die Bibel gehabt hatte.

Das begann sich zu ändern, als ihm eine Bekannte in einem Café folgende Frage stellte: „David, hast du jemals die Liebe Gottes erfahren?"[61]

Diese Frage und ein intensives Erleben dieser Liebe wurde für Bennett zum Wendepunkt in seinem Leben. In einem Prozess, der über Jahre dauerte, öffnete sich David der Liebe Gottes immer mehr. Am Ende war er so überwältigt von ihr, dass er gar nicht mehr anders konnte, als Gott den ersten Platz in seinem Leben einzuräumen. David Bennett ging innerlich auf die Knie vor diesem Gott, von dem er so viel Annahme, so viel Wertschätzung und so viel Liebe bekommen hatte. Er war bereit, Gott von ganzem Herzen nachzufolgen, und merkte dabei, dass das ihm selbst die tiefste Erfüllung brachte.

Ich glaube, diese Haltung ist der Schlüssel dafür, wenn wir auf Dauer echte Weihnachtsfreude finden möchten. Es geht nicht nur darum, dass Gott ein guter Begleiter für unser Leben sein möchte, so schön das auch ist. Es geht noch nicht einmal allein darum, dass unsere Schuld vergeben wird, so wichtig das auch ist. Nein, es geht letztlich darum, dass wir tief in Gottes Liebe für uns verwurzelt sind und im Gegenzug frei dafür werden, ihm unser ganzes Herz zu schenken.

Und zumindest hier passt das etwas kitschige Bild von einem klassischen Heiratsantrag wunderbar: Wenn ein Mann seine Angebetete auf Knien fragt, ob sie ihn heiraten möchte, dann legt er ihr in diesem Moment sein ganzes Sein hin. Er drückt aus, dass er nicht mehr ohne sie leben will und dass er bereit ist, alles für sie zu tun. Gott sehnt sich danach, dass wir ebenfalls in einer solchen Hingabe an ihn leben. Dass er unser Herzenskönig sein darf, dem wir gerne nachfolgen, weil wir erkannt haben, wie großartig und wie liebevoll er ist.

Klingt das zu abgefahren, zu gefühlsbetont? Wird dabei zu viel von uns verlangt? Ich glaube, die Antworten auf diese Fragen muss jeder für sich selbst finden. Die Sehnsucht der drei Sterndeuter nach dem verheißenen König war groß genug, dass sie diese Fragen für sich mit einem Ja beantwortet haben. Die Freude, die sie dafür am Ende ihrer Reise gefunden haben, war es auch.

★

Weihnachtslicht Nr. 24

„Und der Engel sprach zu ihnen: Fürchtet euch nicht! Siehe, ich verkündige euch große Freude, die allem Volk widerfahren wird; denn euch ist heute der Heiland geboren, welcher ist Christus, der Herr, in der Stadt Davids." (Lukas 2,10+11; LUT)

Weihnachtstürchen Nr. 24

Ich weiß nicht, ob du heute Zeit für Besinnlichkeit hast oder ob du dieses Kapitel morgens um sechs Uhr liest, weil du sonst im Laufe des Tages nicht mehr dazu kommst. So oder so wünsche ich dir, dass du ein schönes und gesegnetes Weihnachtsfest erleben kannst! Und ich wünsche dir und mir, dass wir auch nach dem Fest weiter auf dem Weg bleiben – mit einem Herz, das sich danach sehnt, Gott immer besser kennenzulernen und die Freude zu erleben, die seine Gegenwart schenkt.

Freue dich Welt – Outbreakband, YADA Worship & O'Bros
(Official Video)

Dank

Meinem Mann, der mich während der Zeit des Schreibens unterstützt hat, ohne einen Blick in das Manuskript werfen zu dürfen – ich hoffe, dir gefällt, was du jetzt liest! ☺ Meinen Söhnen, die jeden Schreibabend ins Büro gekommen sind, mit kundigem Blick Rechtschreibfehler gefunden oder mich mit einer Runde Knuddeln ermutigt haben. Wie gut, dass wir eine Familie sind!

Verena Keil, Ruth Harmsen und dem Team von Gerth Medien. Verena und Ruth – ihr habt von Anfang an an dieses Projekt geglaubt – danke dafür! Danke, Ruth, für die gute Zusammenarbeit und danke, Hannes Böhm & Team, für das tolle Cover!

All den klugen Köpfen, die tolle Fachartikel, -filme oder Bücher veröffentlicht und damit dazu beigetragen haben, dass sich mein Horizont (nicht nur) über Weihnachten geweitet hat. Ich hoffe, ich habe alles richtig wiedergegeben – fachliche Fehler im Buch sind mit großer Wahrscheinlichkeit auf mich zurückzuführen ...

Den vielen, die mich schon seit Jahren begleiten oder die ich erst seit einiger Zeit kenne – sei es meine Familie, Menschen im Freundes- und Bekanntenkreis, im Beruf, in der Gemeinde und im Hauskreis. Es ist ein Geschenk, gemeinsam unterwegs zu sein!

Gott, diesem liebevollen, großen und großartigen, heiligen, gerechten, sich verschenkenden und manchmal auch unfassbaren Gott, von dem ich lange nicht alles verstanden habe. Aber ich möchte dranbleiben an ihm und an dem, was er in der Bibel zu uns sagt.

Und zuletzt auch dir als Leser und Leserin dieses Buches. Danke, dass du dich auf die Gedanken darin eingelassen hast – ich hoffe, du konntest etwas daraus für dich mitnehmen! Und wenn ich mir etwas wünschen darf, dann wäre es das: Höre nicht auf, die Welt und den Glauben durch die Bibel und andere gute Bücher zu entdecken und besser zu verstehen. Ich bin fest davon überzeugt, dass das in unserer digitalisierten und schnelllebigen Welt mit das Beste ist, was wir unserer Seele schenken können.

Anmerkungen

1 https://www.jesus.ch/magazin/kultur/musik/321356-so_ent
   stand_das_lied_macht_hoch_die_tuer.html; zuletzt aufgerufen
   am 22.03.2023.

2 Vgl. William J. Petersen / Randy Petersen, „Psalmen – Lieder des
   Lebens. Mit den Psalmen durch das Jahr", Hänssler Verlag, Holzgerlingen, 2001, S. 109.

3 Marcos Witt, Emmanuel Espinosa y Juan Salinas „En Navidad"
   aus dem Album „Tiempo de Navidad" von Marcos Witt, CanZion
   Group LP, Houston Texas / USA, 2004.

4 https://www.erf.de/index.php?content_spage=&node=2270-
   542-3553; aufgerufen am 21.01.2023.

5 Vgl. 5. Mose 16.

6 https://www.musixmatch.com/lyrics/Matthew-West/We-Need-
   Christmas; zuletzt aufgerufen am 14.11.2022. Deutsche Übertragung teilweise durch Google Translator.

7 Lukas 1,38; GN.

8 Lukas 1,46–54 in Ausschnitten; GN.

9 https://www.erf.de/lesen/themen/menschen/manche-sind-auf-
   dem-weg-zum-abitur/3178-542-7409?; zuletzt aufgerufen am
   30.11.2022.

10 Vgl dazu Prof. Dr. Jacob Thiessen, „Herberge oder Gästezimmer,
   Stall oder Grotte?", in „STH Perspektive" 04/2021.

11 Wer mehr zur Verlässlichkeit der Evangelien und speziell der
   Weihnachtsgeschichte erfahren möchte, dem empfehle ich die
   beiden Titel „Was ist dran an Weihnachten?" von Lee Strobel, Verlag Gerth Medien, Asslar, 2022 und „Ankern. Eine Verteidigung

der biblischen Fundamente in postmodernen Gewässern" von Alisa Childers, Fontis-Verlag, Basel, 2021.

12 Siehe das Stichwort „Herodes" in Kurt Henning (Hg.), Jerusalemer Bibellexikon, Hänssler-Verlag, Neuhausen-Stuttgart, 1990. Herodes der Große, der von 37–4 v. Chr. herrschte und insgesamt neun Mal verheiratet war, ist nicht zu verwechseln mit seinem Sohn *Herodes Antipas*. Letzterer regierte von 4 v. Chr. bis 39 n. Chr. in Galiläa und Peräa. Unter ihm spielten sich die Enthauptung von Johannes dem Täufer und die Kreuzigung von Jesus ab. Weitere Namensverwandte sind *Herodes Agrippa I.*, ein Enkel von Herodes dem Großen, und *Herodes Archelaus*, ein weiterer Sohn von Herodes dem Großen. Er war Landesfürst in Judäa. Seinetwegen zog Josef mit seiner Familie bei der Rückkehr von Ägypten nicht dorthin zurück, sondern ging nach Nazareth in der Provinz Galiläa.

13 Vgl. https://de.wikipedia.org/wiki/Herodes; zuletzt aufgerufen am 19.12.2022.

14 Frei übersetzt und leicht umformuliert nach „Don't Let Your Heart Be Hardened" von Bob Hartman; https://www.songtexte. com/songtext/petra/dont-let-your-heart-be-hardened-2b27fca6. html; zuletzt aufgerufen am 19.12.2022.

15 Lukas 2,29–31; NL.

16 Die Große Konjunktion von Jupiter und Saturn wird heute als gängigste Erklärung für den Stern von Bethlehem angesehen. Im Jahr 6/7 v. Chr. kam es darüber hinaus vermutlich zu einer Sonderform dieser Planetenbegegnung, der sogenannten Größten Konjunktion. Hier kommen sich die beiden Planeten von der Erde aus gesehen sogar innerhalb eines Jahres dreimal sehr nahe. Grund dafür sind die unterschiedlich langen Umlaufbahnen der Planeten um die Sonne. Der Astronom Heino Falcke bezeichnet beide Planeten als Königssterne. Eine andere Annahme besagt, dass Jupiter der Königsstern ist, während Saturn als Stern des jüdischen Volkes gedeutet worden ist. Ein anderer Astronom geht

davon aus, dass die beiden Planeten sich um das Jahr 6/7 v. Chr. im Sternbild Widder getroffen haben, welches das Himmelszeichen des jüdischen Volkes gewesen sein soll. Eine ganz andere Erklärung für das Verschwinden und Wiederauftauchen des Sternes ist, dass es sich bei dem Phänomen um eine Nova oder aber um einen Kometen gehandelt hat. Ich bin keine Fachfrau, was diese astronomischen Überlegungen angeht, und schließe mich deswegen der gängigsten Theorie an – in der Hoffnung, die unterschiedlichen Ansichten korrekt wiedergegeben zu haben. Als Theologin ist es mir aber wichtig festzuhalten, dass Matthäus diese Geschichte nicht nur erfunden oder aus einer mündlichen Erzähltradition übernommen hat, weil er der Geburt von Jesus mehr Gewicht geben wollte. Ich denke auch nicht, dass er „Anleihen" aus anderen geschichtlichen Ereignissen gemacht hat, in denen Magier Könige gekrönt oder sie zeremoniell mit Gold und Weihrauch empfangen haben. Das widerspricht nach meinem Dafürhalten dem Selbstverständnis, mit dem die Evangelisten die Biografien von Jesus geschrieben haben. Mir sind außerdem aus der frühen Kirchengeschichte keine Belege bekannt, die eine solche Annahme stützen würden.

17 Vgl. dazu 1. Mose 24,17 und Daniel 2.

18 „ERF Mensch Gott" mit Myriam Geister (https://www.erf.de/ hoeren-sehen/erf-mediathek/sendungen-a-z/erf-mensch-gott/ cool-stark-einsam/67-731; zuletzt aufgerufen am 23.01.2023).

19 Vgl. Matthäus 3,17, Matthäus 17,5 oder Johannes 8 und Johannes 10,24–29 als Beispiele dafür, dass Jesus sich seiner Göttlichkeit bewusst gewesen ist.

20 Die führenden Köpfe der frühen Kirche haben das Geheimnis der Menschwerdung Gottes versucht in Wort zu fassen. Sie haben dabei versucht, die neutestamentlichen Aussagen zu diesem Thema zusammenzufassen. So zum Beispiel im sogenannten Glaubensbekenntnis von Nicäa von 325 n. Chr. Dort wurde über

Jesus festgehalten, dass er „aus dem Wesen des Vaters [ist], Gott aus Gott, Licht aus Licht, wirklicher Gott aus wirklichem Gott, gezeugt, nicht geschaffen, wesensgleich mit dem Vater, durch den alles geworden ist, was im Himmel und auf Erden ist, der wegen uns Menschen und wegen unseres Heils herabgestiegen und Fleisch geworden ist, Mensch geworden ist ...". Später wurde darum gestritten, wie sich die göttliche und die menschliche Natur in Jesus zueinander verhalten. Das Christus-Bekenntnis von Chalcedon von 451 n. Chr. fasst das Ergebnis dieses Streits in folgende Worte: Jesus Christus ist „vollkommen in der Gottheit und derselbe vollkommen in der Menschheit, derselbe wirklich Gott und wirklich Mensch aus einer vernünftigen Seele und einem Körper. Er ist dem Vater wesensgleich nach der Gottheit und derselbe uns wesensgleich nach der Menschheit, in jeder Hinsicht uns ähnlich, ausgenommen der Sünde." Beide Bekenntnisse zitiert aus: Armin Sierszyn, 2000 Jahre Kirchengeschichte Bd. 1, Hänssler-Verlag, Holzgerlingen, 2000[2].

21 Johannes 15,14+15.

22 Eine deutsche, eher traditionell interpretierte Version des Liedes gibt es unter dem Titel „Vom Himmel her kam ein Kind", gesungen vom Waldbröler Männerchor. Zu finden unter: https://www.youtube.com/watch?v=YXe9lQY7P5k; zuletzt aufgerufen am 09.03.2023.

23 Nebenbei bemerkt: Während ich diesen Absatz geschrieben habe, hat mich mein Laptop zu einem Neustart aufgefordert. Geschätzte Dauer: 4 Minuten ☺.

24 1. Mose 3,15.

25 Vgl. https://www.christianitytoday.com/ct/2022/december/wilkin-advent-witness-anna-waiting-promise-messiah.html; zuletzt aufgerufen am 01.02.2023.

26 Das Lied „O komm, o komm, Emmanuel" drückt das Warten des Volkes Israel bzw. der Kirche auf den Erlöser musikalisch und

textlich wunderschön aus. Meine Lieblingsversion ist auf Englisch, gesungen von Cae und Eddie Gauntt. Hier spiegeln Musik und Sänger wunderschön die Spannung zwischen dem Warten in der Dunkelheit und der Freude über das Kommen von Jesus wider. Sephora Nelson hat eine wunderschöne deutsche Version des Liedes eingesungen. Beide Titel finden sich bei YouTube unter dem Liedtitel und den Künstlernamen.

27 Vgl. https://de.wikipedia.org/wiki/Advent; zuletzt aufgerufen am 01.02.2023.

28 Die Reformation war in meinen Augen zum Beispiel ein solches Update oder auch die Erweckungsbewegung im 18. und 19. Jahrhundert, bei der unter anderem die Weltweite Evangelische Allianz und Werke wie der CVJM oder die Heilsarmee gegründet worden sind.

29 Vgl. dazu die Erklärung zu den Begriffen „Skaenae/Skaenos/skaenoo" in Walter Bauer, Wörterbuch zum Neuen Testament, Walter de Gruyter, Berlin/New York, 1988[6]. „Skaenae" wird mit „Zelt, Hütte, Behausung" wiedergegeben und bezieht sich beispielsweise auf Nomadenzelte. Er ist einer der Begriffe, der in der griechischen Version des Alten Testamentes für die Stiftshütte verwendet wird. Das Verb „skaenoo" wird im Neuen Testament hauptsächlich mit „wohnen" übersetzt; ob für die damaligen Hörer der Begriff des „Zeltens" dabei noch mitgehört wurde, kann ich nicht sagen. Ohne die Verwendungen des Begriffes überinterpretieren zu wollen, finde ich es bemerkenswert, dass der Begriff nach meiner Beobachtung im Neuen Testament nahezu ausschließlich im Zusammenhang mit Gott bzw. der Stiftshütte und der himmlischen Welt vorkommt (Offb 12,12; 13,6; 21,3). Im Gegensatz dazu wird der Begriff „katoikeo" als allgemeiner Begriff für „wohnen" gebraucht.

30 2. Mose 25,8 ff.

31 Johannes 1,14; Hfa.

32 „The Son of God took on the human nature that every human has. [...] It means admitting that humanity itself is the target of God's redeeming love. If the Son of God became truly, fully human, then God has invested and reinvested in the human project. It's possible to imagine other ways that God might have plucked individuals out of the fallen human race. But when God the Father set salvation in motion by sending his Son to be among us, he chose the path of closest contact. He affirmed and reaffirmed humanity as a good idea in spite of its sin and alienation." Frei übersetzt aus: https://www.christianitytoday.com/ct/2022/december/why-christmas-is-bigger-than-easter-incarnation-atonement.html; zuletzt aufgerufen am 13.02.2023.

33 Wörtlich übersetzt heißt es in Offenbarung 21,3: „Siehe, das Zelt Gottes bei den Menschen und er wird unter ihnen zelten." Vgl. dazu beispielsweise die Bibelübersetzung „Das Buch": „Sieh her! Das ist das Zelt Gottes, das bei den Menschen steht. Und er wird mitten unter ihnen wohnen und sie werden seine Völker sein und er selbst, Gott, wird mit ihnen sein."

34 Johannes 3,16; NL.

35 Kirsten Brünjes, Lotta und Luis warten auf Weihnachten, Bibellesebund, 2010.

36 https://www.duden.de/rechtschreibung/Stille; zuletzt aufgerufen am 20.02.2023.

37 Tomas Sjödin, Warum Ruhe unsere Rettung ist. Stell dir vor, du tust nichts und die Welt dreht sich weiter, SCM R.Brockhaus, 2016, S. 31.

38 Johannes 14,2a.

39 Vgl. https://www.songtexte.com/songtext/keith-green/i-cant-wait-to-get-to-heaven-4bf1e706.html; zuletzt aufgerufen am 27.02.2023. Das ganze Intro lautet wörtlich: „You know, I look around at the world and I see all the beauty that God made. I see the forest and the trees and all the things. And it says in the Bible

that He made them in six days. And I don't know if they're a literal six days or not. Scientists would say, ,No‘, some Theologians would say, ,Yes‘. It doesn't matter to me. But I know that Jesus Christ has been preparing a home for me and for some of you, for two thousand years. And if this world took six days and that home took two thousand years: Hey man, this is like living in a garbage can compared to what's going up there." Übertragung des Liedtextes ins Deutsche durch die Autorin.

40 … und hören dabei vielleicht „Driving Home for Christmas" von Chris Rea. So gesehen bietet der Song nicht nur die passende Stimmung für die Weihnachtszeit, sondern ist auch ein klein wenig eine Erinnerung an das geistliche Nachhausekommen, zu dem uns Weihnachten einlädt.

41 Vgl. Lukas 15,11–32.

42 Vgl. https://www.fuw.ch/article/yoko-ono-kunst-fuer-den-frieden und https://songlexikon.de/songs/imagine/; beide Seiten zuletzt aufgerufen am 02.03.2022.

43 https://www.christianitytoday.com/ct/2022/december/ukraine-war-why-are-we-so-cynical-about-peace-on-earth.html; zuletzt aufgerufen am 02.02.2023.

44 @ Carolynupnorth via Twitter auf genannten Artikel, abgedruckt in Christianity Today, März 2023.

45 https://www.erf.de/lesen/themen/glaube/jesus-und-der-pazifis mus/2803-542-7469?; zuletzt aufgerufen am 06.03.2023.

46 Heute freue ich mich darüber, dass sowohl meine Nichte als auch unser Patenkind „Johanna" heißen. Die beiden Namen haben so etwas wie eine Renaissance erfahren.

47 Michale Kotsch, „Weihnachten. Herkunft, Sinn und Unsinn von Weihnachtsbräuchen", Jota Publikationen, Hammerbrücke, 2003, S. 99.

48 Ein adventliches Fasten ist auch nach Weihnachten noch möglich – der ursprüngliche Fastenzeitraum dauerte vom 05. November bis

zum 06. Januar (Epiphanias). Mehr zum Thema „Fasten" findest du unter https://www.ekd.de/Fasten-11176.htm; zuletzt aufgerufen am 06.03.2023.

49 Eine der großen Aufgaben, die meines Erachtens heute vor Gemeinden im deutschsprachigen Raum liegt, ist es, diese Vielfalt widerzuspiegeln. Die Zukunft der Gemeinden in Europa wird aus Menschen aus den verschiedensten Kulturen und Lebenshintergründen bestehen. Damit ähneln diese Gemeinden interessanterweise wieder denjenigen aus dem ersten Jahrhundert. Ich wünsche uns als Christen viel Weisheit, Fingerspitzengefühl und Gebet, um diesen Prozess biblisch und weise zu gestalten.

50 „*All* of the past, I believe, is a part of God's story of each child of His – a mystery of love and sovereignty, written before the foundation of the world, never a hindrance to the task He has designed for us, but rather the very preparation suited to our particular personality's need." Freie Übertragung durch die Autorin aus: Elisabeth Elliot, Keep a quiet heart, OM Publishing, Cumbria, U. K., 1999, S. 24.

51 Lukas 2,8; Das Buch.

52 Vgl. „Viehzucht und Hirtenleben", in Paul Volz, Die biblischen Altertümer, Nachdruck im Komet Verlag GmbH, Köln, ohne Jahresangabe, § 106.

53 W. Phillip Keller, „Du salbst mein Haupt mit Öl", in Verena Keil (Hg.), Ich bin der gute Hirte. Ermutigende Geschichten und Gedanken zu Psalm 23, Gerth Medien Asslar, 2023, S. 92.

54 Johannes 10,11+14; Das Buch.

55 „Klassenkameraden, aber keine Freunde". https://www.erf.de/index.php?content_spage=&node=2270-542-7460; zuletzt aufgerufen am 24.03.2023.

56 Das Lied beschreibt die Weihnachtsereignisse aus der Sicht von Josef. Im Refrain heißt es frei übertragen: „Warum ich – ich bin nur ein einfacher Handwerker? Warum er – mit all den

Herrschern, die es in der Welt gibt? Warum hier – in diesem mit Heu gefüllten Stall? Warum sie – sie ist doch nur ein gewöhnliches Mädchen? Ich bin nicht in der Position, das zu hinterfragen, was Engel zu sagen haben – aber das ist eine sehr seltsame Art, um die Welt zu retten."

57 https://www.erf.de/lesen/themen/gesellschaft/allah-gesucht-jesus-gefunden/2270-542-6255; zuletzt aufgerufen am 27.03. 2023.

58 „Alles anders" von Jeff Spivak, zitiert in der Auslegung zum 25. März 2023 im Neukirchener Kalender 2023, Neukirchener Kalenderverlag.

59 https://www.christianitytoday.com/ct/2023/march/nepal-evan-gelist-women-gospel-gossip.html; zuletzt aufgerufen am 27.03. 2023.

60 Matthäus 2,10+11.

61 David Bennett, „Liebe. Total. Ein Aktivist der homosexuellen Bewegung begegnet Jesus", Fontis Verlag, Basel, 2021, S. 92.

Glück im Hier und Jetzt

„Das Buch hat mir gut gefallen und gibt viele Denkanstöße, die Hoffnung schenken."

Leserstimme

Die Autorinnen widmen sich dem großen Thema Sehnsucht psychologisch differenziert, theologisch fundiert und dabei immer ganz nah dran am alltäglichen Leben. Sie zeigen praktische Wege auf, wie wir unserer Sehnsucht nachspüren und unsere Träume leben können – und wie wir trotz so mancher unerfüllt gebliebener Wünsche echtes Glück finden können.

Lassen Sie Ihre tiefste Sehnsucht mehr als ein bittersüßes Gefühl sein und nutzen Sie ihre lebensverändernde Kraft!

Pfeifer / Bockel • Folge der Spur deiner Sehnsucht
Gebunden • 256 Seiten • ISBN 978-3-95734-721-3
Auch als E-Book erhältlich unter: 978-3-96122-479-1

1. Auflage 2023
Bestell-Nr. 817986
ISBN 978-3-95734-986-6

Umschlaggestaltung: Mareike Schaaf
Umschlagmotiv: Shutterstock / Pilar Arias
Lektorat: Ruth Harmsen
Satz: Uhl + Massopust, Aalen
Druck und Verarbeitung: GGP Media GmbH, Pößneck
Printed in Germany